石油とマネーの新・世界覇権図

アメリカの中東戦略で世界は激変する

中原圭介
Keisuke Nakahara

ダイヤモンド社

はじめに

世界情勢や経済動向をとらえるのに、いま私が一番注目しているのが、中東のイランです。イランは中東の大国ですが、政治的に見て、世界のメインプレイヤーではありません。また、これまで米欧からの経済制裁によって、経済的に非常に大きなダメージを受けていました。

なぜ、そんなイランに注目するのでしょうか。

実は、この中東の一国の動向によって、世界のパワーバランスが崩れようとしているからです。

そのきっかけは、長年続いていたアメリカとイランの対立がいままさに解消し、イランを苦しめてきたさまざまな制裁が解除されることです。イランは世界で有数のエネルギー大国で、これまで開発が進まなかった分、今後はエネルギー供給者として大きな地位を占めていくことになるでしょう。

そして、イランによるエネルギーの供給増加は、原油・天然ガス価格の低迷を長期的なものとし、世界経済の構造を一変させる可能性を秘めています。エネルギー資源を巡る各国の駆け引きも本格化していくでしょう。

アメリカとイランの雪解けの背景には、また別の大きな問題も存在します。それは、アメリカにとっての中国の脅威です。アメリカがいくつもの反米諸国と和解する裏には、覇権争いを挑もうとする中国に対する足場固めがあります。

本書では、このようにアメリカとイランとの雪解けによって起こる世界の変化を、客観的データや歴史などをひもときながら、わかりやすく解説していこうと思います。

2015年8月

中原　圭介

石油とマネーの新・世界覇権図　目次

序章　世界を見抜くための4つの視点

第1章 なぜアメリカとイランの和解が世界を大きく動かすのか

第3章 新たな世界覇権争いが始まった

第4章 これからの国際紛争はどうなるか

第5章 新しい世界秩序が日本に何をもたらすか

序章

世界を見抜くための4つの視点

世界情勢はエネルギー動向によって大きく影響を受けます。

これからの世界の動きを見ていくための基礎知識として、いま世界が置かれている状況と世界の覇権争いのメカニズムを簡単に見ていきましょう。

そのポイントは、本書は、拙著『シェール革命後の世界勢力図』（2013年6月刊行）に詳しく書きました。本書は、その第2弾的な位置付けです。前著では、当時アメリカで進行しつつあった、シェールガス・オイルの生産技術の革新を踏まえて、それらが量産されるようになった後の世界経済の動きを予測しました。

そこで指摘したのは、シェールガス、シェールオイルの生産が本格化してから、

・アメリカが世界最大の資源大国となる
・エネルギー価格の下落が始まる
・アメリカ経済は順調に復活する
・穀物など商品価格全体が下落トレンドに入る
・ロシアの凋落が始まる
・中東で治安が悪化し、政変リスクが高まる

・ブラジル経済が危機を迎える
・インド経済が追い風を受ける
・中国経済の急成長が終わる
・新たな新興国としてＡＳＥＡＮ諸国が注目を集める
・欧州経済の復活は遅れる

といった点でした。

いま振り返ってみて、これらの予想は概ね的中したと言っていいでしょう。

こうしたトレンドを検証し、それが今後も継続するのか、それともどこかで流れが変わるのか。変わるとしたら、それはいつからなのか。そして、世界のエネルギー、マネー、政治・経済的な覇権争いはどういう方向に向かっていくのか。それが本書のテーマです。

本書の内容を理解するには、前著の理解が欠かせません。序章では改めてその内容を振り返り、合わせて現在の目で検証していきたいと思います。全体としては『シェール革命後の世界勢力図』のダイジェスト版ともいえる構成ですので、前著を読まれた読者の方は飛ばしていただいてもかまいません。

1 アメリカが世界最大の資源大国となる

◆「シェール革命」がエネルギー相場を変えた

２０１３年当時、アメリカではシェールガスの生産が急増しており、日本でも注目が集まっていました。

しかし私はシェールガスよりも、シェールガスと同じ方法で採掘できるシェールオイルが世界経済に与える影響が大きいと考え、その開発動向に注目していました。

シェールガス開発により、２０１３年の時点でアメリカでは天然ガスの自給率が９割にまで高まり、アメリカの天然ガスの価格指標であるヘンリーハブは、１００万ＢＴＵ当たり３～４ドル台と大きく下落。採掘企業の採算が悪化していました。

一方、2013年4月の時点で、アメリカの原油価格の指標であるウエスト・テキサス・インターミディエート（WTI）先物価格は93ドル程度と高止まりしていました。石油1バレルの熱量は天然ガス約600万BTUに相当します。仮に石油価格を1バレル＝93ドルとすると、100万BTU相当の熱量分の石油の価格は、93÷6で15・5ドルになります。実際の天然ガスの価格は100万BTU当たり3～4ドル台なので、シェールオイルの熱量あたりの価格はガスの4～5倍にもなる計算でした。

石油メジャーはこの時期、シェールオイルよりもシェールガスの開発に重きを置いており、先行してシェールガスの開発を行っていた独立系採掘企業の多くが、メジャーとの競争を避けて、シェールガスより利益が大きいシェールオイルに開発をシフトしていったのです。

バッケンと呼ばれる、アメリカ北部ノースダコタ州を中心とするシェールオイル産出地域では、2008年頃からシェールオイルの生産が急増し、2013年時点ではノースダコタ州だけで全米の原油生産の10％強を占めるまでになっていました。

この時点でも、アメリカは国内で消費する原油の4割程度を輸入に頼っていました。アメリカ国内だけでもシェールオイルに対する需要は十分にあり、シェールオイル生産地はどこも、19世紀のオイルブームさながらの開発ラッシュに沸いていたのです。

アメリカで2011~2012年の間にシェールオイルの生産量が以前に比べて急激に伸びたのは、シェールガスからシェールオイルの開発に転じた独立系採掘企業の力によるところが大きかったと言えます。

◆世界最大の資源大国アメリカの誕生

アメリカでシェール革命が進んだのには、さまざまな要因があります。多くのシェールガス、シェールオイルの鉱区が存在していたこと、もともと国内に在来型の油田があり、高い採掘技術や石油関連の豊富な人材が揃っていたこと、ベンチャー的な採掘企業へ資金を供給する金融面の仕組みや、オイルの販売ルート等が整っていたことなどです。

多くの国で地下資源が公有であるのに対し、アメリカでは、地下資源にも地主の所有権が及び、採掘収入に対しておよそ25%ものロイヤルティを地主に支払うのが慣行になっていました。当然、地主も積極的に採掘業者に所有地を貸し出すことになります。

私は「シェールガスやシェールオイルの生産量は、今後も右肩上がりで増え続ける」と予測し、その理由として、アメリカ国内で多数の中小企業がシェール開発を進めているのに加えて、石油メジャーまでもが相次いで、長期的な計画に基づいて北米を中心に世界的なシェール開発に乗り出し始めていることを挙げました。

そして国際エネルギー機関（ＩＥＡ）による「アメリカは２０１５年にロシアを抜いて世界最大の天然ガス産出国になり、２０１７年までにはサウジアラビア、ロシアを抜いて世界最大の産油国になる」との予測（２０１２年11月）を紹介し、「ＩＥＡの予測は的中するだろう」と結論付けたのです。

２０１７年までにアメリカが世界最大の産油国になるというこの予測は、実際には3年前倒しになりました。

エネルギー関連の独自統計や予測で知られるイギリス系のオイルメジャーＢＰは、２０１５年6月に発表した報告書で、「２０１４年、アメリカの産油量は１９７５年以来39年ぶりにサウジアラビアを上回り、世界最大の産油国となった」としています。

ここ数年、国別の産油量ではサウジアラビアとロシアが首位を争っていましたが、２０１４年の産油量はサウジアラビアが日量１１５０万５０００バレル、ロシアは同１０８３万８０００バレル。アメリカは２０１２年から3年続けて日量１００万バレル以上生産量を増やし、1164万4000バレルとし、一気に両国を抜き去ったのです。

天然ガスについては、すでに2011年の段階で生産量世界一となっていますから、アメリカはこれで名実ともに「世界最大の資源大国」の座に就いたと言えるでしょう。

2 エネルギー価格の下落が始まる

◆なぜ原油は枯渇しないのか?

アメリカにおけるシェール革命の進展は、世界に何をもたらしたのでしょうか。

私は前著において「たとえ世界の人口が右肩上がりに増加して、天然ガスや原油の需要が増えたとしても、それ以上にアメリカ、カナダを中心に世界中の生産拠点から供給が増加することによって、天然ガスや原油の価格は下落傾向を止めることができない」と述べました。

原油価格の指標WTIの推移を見ると、2002年の1バレル10ドル台を底に急速に高騰し始め、2008年1月に初めて1バレル100ドルを超え、同年7月には150ドル近くまで高騰しています。

その後、2008年秋からはリーマンショックで原油価格は30ドル台まで暴落。しかし2010年、11年には反転して再び1バレル100ドルを超えました。

私が前著を上梓した2013年には、原油価格は1バレル80~100ドルの間で推移していましたが、その中で私は「もう二度と150ドルに迫るような場面は訪れないだろう」と断言しています。

なぜなら、シェール革命によって化石燃料の寿命は少なくとも400~500年延びたとされ、「世界の原油生産量はすでに頂点に達し、その後は減少に向かう」という「ピークオイル論」が明確に否定されたからです。

ピークオイル論は周期的に世界的なブームとなり、そのたびに原油価格を押し上げる要因となってきました。第2次世界大戦以降では、オイルショックが起こった1970年代、原油が高騰した2005~2010年がこれに当たります。

「原油が枯渇する」という人々の心配は、原油の埋蔵量には限りがあり、人類が経済成長とともに石油を使い続ければ、早晩、限界に突き当たるという考えから来ています。その典型が、ローマクラブが1972年に発表した『成長の限界』というレポートです。この報告書では、「人類の成長は資源の枯渇によっていずれ止まる」という予測を、当時珍しかったコンピュータシミュレーションを使って行っています。

しかしその後、原油鉱区の発見と採掘における持続的な技術革新により、世界の原油の確認埋蔵量は年を追って増え続けていきました。

埋蔵量とは、地下に存在する原油や天然ガスを地表での体積に換算した量で、地下層内に存在する総量を「原始埋蔵量」、原始埋蔵量のうち技術的、経済的に生産可能なものを「可採埋蔵量」と呼びます。単に「埋蔵量」という場合、可採埋蔵量を指します。

可採埋蔵量はさらに、生産の可能性の高い順に「確認埋蔵量」「推定埋蔵量」「予想埋蔵量」に分けられます。

また、回収技術の進歩により追加されるだろう可採量を含めたものを「究極可採埋蔵量」と呼びます。この究極可採埋蔵量は、1994年の世界石油会議の頃には2兆3000億バレル弱と推定されていましたが、2012年の石油鉱業連盟では3兆3000億バレル強と推定しています。

ピークオイル論の時代には、「世界の原油埋蔵量は2兆バレルくらいで、そのうち1兆バレルをすでに人類が消費している」と言われていました。ところが実際には、原油価格が上昇し、採掘技術が進歩して、コストが高い海底油田などの非在来型オイルでも採算が合うようになったことで、埋蔵量が5割以上も増えてしまったのです。

さらにシェール革命により、この3兆バレルにシェールオイルが加わりました。2013年、EIA（米エネルギー省情報局）はアメリカの政府機関として初めて、世界のシェールオイルの可採埋蔵量を推定し、「世界41か国のシェールオイルの可採埋蔵量は3450億バレル」と発表しました。

これにより、世界の原油資源はおよそ11％増えることになります。

ただ、これで終わりとは考えられません。EIAがこれまで発表していたアメリカにおけるシェールオイル可採埋蔵量にしても、2011年の時点では320億バレルと言っていたものが、2013年の報告書では580億バレルまで増えているのです。

世界にはまだまだ未発見のシェールオイルの鉱区が残されています。西シベリアのバジェノフだけで2兆バレルあるとも言われ、世界全体で見れば10兆バレルと試算されてもおかしくはないのです。

ほんの10年前には、地下2000～3000メートルの地層にあるシェールガスやシェールオイルを採掘・回収するのは、技術的に極めて困難とされていました。同じく10

年前には、海面下３０００メートルの海底の、さらに３０００～４０００メートル下の地層にある原油を発見・採掘することも、絶対に不可能といわれていました。

ところがいまや技術革新によって、どちらも可能になり、かつ採算がとれるようになっています。世界の原油の可採埋蔵量は今後も、ロシアやカナダ、アルゼンチンなどのシェール開発が進むにつれて増えていくでしょう。

◈アメリカはエネルギー輸入国から輸出国になる

シェール革命により、アメリカ国内でのエネルギーの需給動向は大きく変化しました。まず安価な天然ガスの供給と需要が増え続け、割高な原油や石炭の需要が減少していったのです。そのため２０１２年頃から、世界のエネルギー価格は世界的・長期的に低下傾向に入ることになります。

その代表的な例として、アメリカで発電用燃料としての石炭の需要が減少したことにより、国内で余剰になった石炭が欧州に輸出され、価格低下を招いたことや、アメリカで天然ガスの価格が急降下する状況で、世界１位の液化天然ガス輸出国であるカタールが、輸出先をアメリカから欧州に切り替え、やはり価格低下を引き起こしたケースがありました。カタールから欧州への天然ガス輸出が増えたことにより、今度はカタール産より割高となったロシア産の天然ガスの需要が減ります。欧州から弾き出された格好となったロシアは、その穴を埋めるため、東アジアへの輸出拡大に乗り出しました。

2014年5月、ロシアの国営天然ガス会社ガスプロムと中国は、「ロシアが2018年から30年間にわたり年間380億立方メートルの天然ガスを中国へ供給する」という契約を締結しました。東シベリアのチャヤンダ・ガス田で開発された天然ガスを、新設するパイプラインで中国へ輸出するというのです。

契約における天然ガスの価格は明らかになっていませんが、中国は当初、ロシア側の希望価格の半額以下、プロジェクトが成り立たないような安値を提示していたと言われ、ロシアがこの年の3月にウクライナ問題で国際的に孤立してしまったこともあって、採算ぎりぎりの価格での輸出を迫られたのではないかと見られます。

アメリカ国内で産出されるようになったシェールガスは当初、輸出先が自由貿易協定（FTA）締結国に限られ、もっぱら国内で消費されていました。アメリカ国内で天然ガス価格が急低下したのはそのためでもあります。この状況を受けて、米エネルギー省は

２０１３年5月、輸出拡大を許可する決定を下しました。

シェール資源の採掘・回収技術が日に日に進歩し続けていることや、政府の決定を受けて石油メジャーでは輸出用の液化天然ガス生産のために大型設備の建設を始めていることなどを根拠に、私は、米エネルギー省の「アメリカは２０２０年には天然ガスの純輸出国に転じる」という見通しよりも2～3年前倒しされると予測しました。

この予測も的中し、２０１５年4月に米エネルギー省が公表した『年次エネルギー見通し』では、「２０１７年までに天然ガスの純輸入国から純輸出国に移行する」と、時期が前倒しされたのです。

◈予想以上に早く暴落した原油価格

日本については、アメリカが天然ガスの本格的な輸出に踏み切れば、世界の天然ガス価格や原油価格の下落傾向が決定付けられ、海外への輸出が始まる3～5年のスパンでは、日本の液化天然ガスの輸入価格はいまの半分以下の8ドルを割り込むのではないかとの見通しを立てました。

日本の輸入している天然ガスの価格は、2012年夏をピークに低下傾向にあります。とはいえ2015年5月の段階では、100万BTUあたりの価格はアメリカ国内が2ドル台、欧州（イギリス）の指標価格であるNBP価格が7ドル台、一方の日本は12ドル台と、大きな差があります。現時点ではアメリカの天然ガスの安さと、日本の輸入価格の高さが際立っています。

しかしアメリカでは現在、アジア・欧州向けの輸出拠点として、メリーランド州、ルイジアナ州、テキサス州に4つの液化天然ガス製造基地が建設中であり、これらは2016～2019年にかけて順次、稼働を開始する予定となっています。実際に輸出が始まれば、アメリカの天然ガスの安さに引っ張られて、日本の液化天然ガスの輸入価格も確実に大きく下落していくでしょう。

価格が世界的に下がってくると、それにつれて天然ガスの需要が喚起されます。もしその時点で原油価格が現在よりも高止まりしていたとしたら、原油の需要は伸び悩むようになります。2016年以降、そうしたエネルギー資源間の競合現象が、世界的に見られるようになるでしょう。

エネルギーの需給についても前著では、「アメリカ国内の需要減少だけを反映して、W

TI原油価格のみが世界の他地域に比べて安い状況にありますが、過去数年の天然ガス同様に、今後、アメリカでは原油の生産量が急増しますので、これから数年以内に原油の需要が減少する一方で供給のほうが大きく増えることになるのは間違いありません。その結果、WTI原油価格はさらに大きく下落し、それによって欧州の北海ブレント原油価格やアジアの中東産ドバイ原油価格にも大きな下落圧力が働いていくことになるでしょう」と述べ、「3~5年の期間で考えれば、3つの原油価格のいずれもがいまの半値以下の1バレルあたり50ドルを割り込んでもおかしくない」と予想しました。

実際、価格低下の時期については前倒しとなりました。前著刊行から3~5年ではなく、1年半後の2015年1月には、早くも1バレル50ドルを割り込んでしまったのです。

この誤算の原因は、2014年11月の石油輸出国機構（OPEC）総会における、減産見送りです。このときウィーンで開いた総会で、OPECは価格維持のために日量3000万バレルという目標生産量を引き下げるものと予想されており、私もそう見ていたのですが、OPECは結局、生産目標を維持することで合意したのです。このとき議論を主導したのはサウジアラビアとされます。このOPECの決定については後述しますが、私はサウジアラビアの戦略ミスではないかと見ています。

3 アメリカ経済が復活する

◆経常収支が改善し、経済成長も後押し

「シェール革命」はアメリカを大きく変えました。

当時のアメリカ経済について、私は次のようにとらえました。

「単一のバランスシート不況なら、10年もたてばバランスシートは修復され、復活へと向かう可能性が高いのです。ですから、シェール革命が起こらなかったとしても、2016年にはアメリカ経済は復活しているはずだったのです。現在は復活の過程の7年目であり、大規模な金融緩和などをしなくても、もう最悪期は脱している時期にあるのです。さらに、シェール革命が前倒しで景気の回復を後押しするので、アメリカ経済の復活は早ければ

２０１４年には訪れる可能性が高まっています」と述べ、「エネルギー自給の達成と、国内のエネルギー価格が世界に先駆けて下がることにより、アメリカ経済はリーマンショック後の停滞から急速に復活していく」と予想しました。

アメリカは世界最大の石油・ガス消費国です。かつては石油の消費量の67％、天然ガスは16％を海外からの輸入に頼っていたこともあります。それが、シェール資源の採掘技術の目覚ましい進歩により、２０１１年には石油の輸入比率は消費量の53％、天然ガスは8％、２０１２年には石油は47％、天然ガスは６％と、輸入比率が急速に減少していきました。このトレンドは現在も続いています。

「これにより、貿易赤字の最大の原因が消滅し、アメリカの国際収支は大きく改善する」と予測しましたが、実際はどうでしょうか。

現実にアメリカの経常赤字は、ＧＤＰの６％近くに達した２００６年を底に改善基調を辿っており、２０１４年にはＧＤＰの２％強にまで縮小しています。

エネルギー自給率の向上で経常収支が改善しただけでなく、シェール革命に伴うエネルギーコストの低下は、アメリカの製造業への追い風となっています。電力会社が世界でいちばん安い天然ガスを使って低コストの電力を提供することで、アメリカの製造業では製品の大幅なコストダウンを進めることができるようになります。貿易赤字の解消だけでなく、製造業の復活がアメリカの景気を早期に回復させる要因になったのです。

リーマンショックで２００８年、２００９年と連続でマイナス成長を記録したアメリカですが、２０１２年以降は３年連続で実質経済成長率が２％を超えてきており、２０１５年にも２％台乗せが視野に入ってきています。

◆世界経済を牽引するのは、やはりアメリカ

アメリカでは石油化学メーカーも天然ガスを使って低コストで素材を生産できるようになってきています。

シェールガスにはメタン、エタン、プロパン等が含まれ、これらは化学製品の原料としても利用可能です。エタンを分解するとエチレンが生産できます。エチレンは、石油化学メーカーにとっての中核素材であり、プラスチックや合成繊維原料、塩化ビニール、塗料原料、洗剤原料、医薬品など多くの石油化学製品の基礎原料となります。

アメリカではダウ・ケミカル、シェブロンフィリップス、エクソンモービルなどが、石

油の代わりに安価なシェールガスを使ってエチレンを生産するための大規模な化学コンビナートを建設中です。これらは2017~2018年にかけ順次稼働する予定となっています。いわば「石油化学工業」から「ガス化学工業」への大転換が今後、アメリカで進行していくことになります。

私はこれまで「『アメリカ経済＝世界経済』である」と主張してきました。冷戦終結後、世界経済はアメリカの一人勝ち状態となり、「パックス・アメリカーナ」と呼ばれるに至ります。その後は中国など新興国の台頭もあって、アメリカ経済にはかつてほど圧倒的な存在感はなくなりましたが、それでも超大国として世界経済の牽引役となっていることに変わりはありません。

アメリカの消費が増えれば、各国のアメリカ向け輸出が増加し、その好影響が世界中に広がっていきます。前著では2012年のアメリカの個人消費の規模が約11・2兆ドルであるのに対して、世界第2位の経済大国に浮上した中国の個人消費が約3・4兆ドルにすぎないことを挙げ、「この程度の経済規模では、とうていアメリカ経済が後退局面に入ったときの代役はつとまらない」と指摘しました。

アメリカの景気が拡大期に入り、ニューヨーク市場の株価が上がると、それに引きずられて世界中の株価が上がる傾向があります。２０１４～２０１５年にかけての中国でも、上海株式市場の総合指数が１年で２倍以上になるというバブル的な高騰が起きましたが、それが世界の株式市場に波及することはありませんでした。２０１５年現在の世界経済も、またようやく復調してきた日本経済も、いずれもこのところのアメリカ経済の堅調さに支えられていると言っていいのです。

4 穀物など商品価格全体が下落トレンドに入る

◆商品相場を大きく動かす投機マネー

その一方で、「これから先は、アメリカ経済が活況を呈しても、それが世界経済に及ぼす効果は限られたものになる」とも指摘しました。

それは、アメリカのシェール革命が世界のエネルギーの需給関係に大きな変化をもたらし、資源大国と呼ばれ、エネルギー価格・資源価格上昇の果実を満喫していた国々を没落させることになるからです。

さらに、金融緩和政策も大きな影響を及ぼします。「アメリカの景気が回復して雇用も改善されると、金融緩和は縮小されていきます。これまでは無謀ともいうべき金融の量的緩和によって増え続け、溢れ出したマネーがＥＴＦ市場や先物市場に流れ込み、必要以上にエネルギーや鉱物資源、穀物などの価格を押し上げていたのですが、今度は一転してそれらの市場から投機マネーが逃げ出し、相場の下落に拍車をかけることになるでしょう」と述べました。

２０１２年までの世界的な商品（コモディティ）価格の高騰が、米連邦準備制度理事会（ＦＲＢ）による、リーマンショック後の巨額の量的緩和に起因するものであること、そしてアメリカ経済の景気回復とともにその処置が打ち切られ、それによって商品価格が反転して下がっていくことを予測したのです。

実際、景気の回復を受けて、アメリカの中央銀行に相当するＦＲＢは、２０１４年10月にはリーマンショック以来続けてきた民間資産の買い取りによる量的緩和、いわゆるＱＥ３を打ち切りました。

原油価格はその３カ月後、２０１５年１月に１バレル50ドルを切っています。その他の要因が大きかったとしても、両者の相関関係は明らかでしょう。

エネルギー資源では原油、天然ガス、石炭、鉱物資源では鉄、銅、亜鉛、鉛、アルミニウム、貴金属では金、白金、穀物では小麦、大豆、トウモロコシ、砂糖、ココア、コーヒーなど、先物市場のある商品はすべて、リーマンショック後の２００９年に底値をつけ、その後はＦＲＢによる猛烈な金融緩和に伴い、商品先物市場に流入してきた投機マネーによって、急速に価格が高騰しています。市場に大量のお金が流れ込めば、どんな商品であれ、現実の需給を無視した高価格になってしまうのです。

原油価格が高騰を始めたのは２００４年頃からですが、その価格の推移に小麦、大豆、トウモロコシなどの穀物価格の推移を重ねると、ほぼ同じ時期に高騰していったことがわかります。これは石油も穀物も、「商品先物市場への投機マネーの流入」という、同一の理由で価格高騰が引き起こされたことを示唆しています。

◆エネルギー価格が下がれば、ものの価格も下がる

エネルギー価格とその他の商品価格の連動には、それとは異なる要因もあります。

エネルギー価格が跳ね上がると、工業製品を筆頭に、市場に出回るほとんどの商品についても生産コストが上昇し、物価にはインフレ圧力がかかることになります。

逆にエネルギー価格が低下していけば、ほとんどの商品の生産コストが下がり、物価に

はデフレあるいはディスインフレのバイアスがかかることになるのです。

2015年6月、国連食糧農業機関（FAO）は、この年5月の食料価格指数が、2002年から2004年の平均を100としたとき166・8と、前年同月に比べて20％以上値下がりし、5年8か月ぶりの低水準になったと発表しました。

世界の食料価格は2011年2月をピークに下がり続けており、FAOでは2015年も低下傾向は続くと予測しています。

その理由として、FAOでは「穀物は前年の豊作で在庫が過剰になっており、乳製品はロシアが経済制裁への対抗措置としてEU産の乳製品の輸入を差し止めた影響で市況が緩んでいる。砂糖や油脂類は原油安の影響でバイオ燃料向けの需要が落ち込んでいる。また国際価格を押し上げてきた中国の輸入も全般に減少傾向にある」としていますが、ほとんどの食料品の価格が一斉に下降に向かっていることを説明するには、これだけでは力不足です。この一方的な食料価格の低下には、原油価格下落の影響に加え、商品先物市場における投機マネーの縮小が大きく関わっているのです。

2015年7月現在、FRBは年内にもゼロ金利政策を終了し、リーマンショック後初の利上げを行うことを計画しています。シェール革命による天然ガスや原油の供給増加に加え、アメリカの景気回復による金融緩和の縮小、言い換えれば投機マネーの縮小を考慮すれば、この先、原油価格の再度の高騰がありえないことは明白です。

私は「原油価格の代表的な指標であるWTIの推移を見ると、価格が1バレルあたり150ドル近くにまで高騰したのは2008年のことですが、将来的にはもう二度と150ドルに迫るような場面は訪れないでしょう」と述べました。

本書でもその予想は変わりませんが、さらに一歩踏み込んで「もう二度と1バレル＝100ドルを超えることはない」と予測しておきましょう。

以上、4つの視点を踏まえながら、これからの世界情勢について見ていきましょう。やはり、最も大事なのは、エネルギー価格を切り口にすることです。

いま振り返ってみても、経済全体の見通しに関してはほぼ正しかったと感じていますが、個別には原油価格維持に対するOPECの態度、ウクライナ危機によるプーチン政権の支持率向上など、予想が外れた点もありました。今回は、それらの要因を詳しく分析し、これから世界で何が起こるのかを明らかにしたいと思います。

第1章

なぜアメリカとイランの和解が世界を大きく動かすのか

1 いま注目すべきはイランとの和解

◆中東の対立軸の中心はイラン

これからの世界を俯瞰する際、私が注目しているのは、アメリカが進めているイランとの和解です。

なぜアメリカとイランの和解が、世界を動かすほどの影響力を持つのか。

ひとつには、イランが中東屈指の大産油国でありながら、これまではアメリカが主導する経済制裁によって、世界の原油市場において主要なプレーヤーになりえなかったからです。ここでイラン核交渉が最終合意を迎えたことで、世界のエネルギー市場にはシェール革命以来の激震が走るでしょう。

このアメリカとイランとの和解は、単に世界のエネルギー需給を変えるだけでなく、混迷する中東に劇的な変化をもたらす鍵となるものです。

いま、中東はかつてセルビア、クロアチアなどが対立し内戦が続いたバルカン半島に代わり、「世界の火薬庫」とも言うべき状況になっています。

内戦状態のシリアやリビア、イエメン、常に軍事衝突の危機にあるイスラエルとパレスチナ（ハマス）、国家分裂の危機にあるイラク、いくつもの国に分断され自治を求めるクルド人、勢力拡大をはかるイスラム国など、地政学的リスクに事欠きません。国家権力や原油利権をめぐる世俗の争いに民族や宗派の対立が加わり、誰も明るい将来を見通すことができないのが、いまの中東です。

パズルのように複雑に絡み合う中東情勢を、一気にすべて解決に導くのは不可能でしょう。しかしアメリカとイランの歴史的和解は、中東情勢に劇的な変化をもたらす可能性があると、私は考えます。なぜなら、あまたの対立軸がある中東の中で、その中心にいるのがイランだからです。

両国の和解の影響については、第3章以降で詳しく述べます。

◆イランの経済制裁から合意への流れ

まずは両国の最近の和解の動きを見ておきましょう。

イランについて核開発疑惑が浮上したのは、２００２年8月、アメリカが大量破壊兵器開発の疑惑を理由にイラクに侵攻した、イラク戦争の半年前に遡ります。イラン政府が秘密裏に2カ所のウラン濃縮施設を建設していた事実が、イランの反体制派により暴露されたのです。

イランは王制時代の１９５８年に国際原子力機関（ＩＡＥＡ）に、また１９６８年の締結時から核兵器不拡散条約（ＮＰＴ）に加盟し、１９７４年にはＩＡＥＡとの間に包括的保障措置協定も締結しています。しかし、反体制派の暴露後に行われたＩＡＥＡの調査によって、イランによる過去18年間に及ぶウラン濃縮実験の事実等が判明、ＩＡＥＡに対するイランの報告義務違反が明らかになります。

ＩＡＥＡに報告することなく核関連の研究を続けてきたことから、イランに対する核兵器開発疑惑が強まり、ＩＡＥＡ理事会は２００３年、イランに対しウラン濃縮・再処理活動の停止を求める決議を採択。いったんはイランとの間に、濃縮活動の停止を含む「パリ合意」が結ばれました。

しかし2005年6月、イランで保守派のマフムード・アフマディネジャド大統領が就任すると、イラン政府はウラン濃縮を再開し、2006年4月には低濃縮ウランの製造成功を発表します。

国連安全保障理事会は2006年7月、再びイランにウラン濃縮・再処理活動の停止を求める決議を採択しますが、イランはNPT4条によって加盟国に認められた「原子力の平和利用の権利」を主張し、核開発活動を継続。

国連はこれに対し2007年3月、イランへの制裁を決議します。

イランでは2009年9月にも新たなウラン濃縮施設の建設が判明。さらに2010年2月には、濃度20%の濃縮ウラン製造を開始します。

国連決議を無視するイランの核開発強行に対し、アメリカとEUは2012年6、7月、相次いでイランからの原油輸入の禁止を含む経済制裁を決定しました。

その後もイランは核開発を続行。これを警戒するイスラエルによる施設空爆も懸念される、緊迫した状況となります。

しかし２０１３年６月、アフマディネジャド政権に代わり、穏健派のハサン・ロハニ大統領が就任したことで、流れが大きく変わります。

ロハニ新大統領はＩＡＥＡおよびアメリカをはじめとする６カ国との協議を進め、同年11月には、核開発問題の解決に向けた共同作業計画を発表するに至ったのです。

これを受けて２０１４年２月、２０１５年６月末を最終期限とするイランと６カ国の協議が開始されました。

イランと、その交渉相手となったアメリカ、ロシア、イギリス、フランス、中国、ドイツの６カ国、いわゆる「Ｐ５＋１」は、２０１５年４月、スイスのローザンヌで「イランが核開発を10年以上にわたって大幅に制限し、引き換えに米欧が経済制裁を解除する」という内容の政治的枠組みについて合意しました。メディアではこれを略して「枠組み合意」と呼んでいます。

「Ｐ５＋１」とは、「国連安全保障理事会の常任理事国である米・英・仏・露・中の５大国に、ドイツを加えた６カ国」のことです。

◆歴史的な合意がついになされた

この枠組み合意の内容は、要約すれば、国際機関の監査の下にウラン濃縮などイランの核開発を一定の制限内で認めようとするものです。

イランがいったん始めた核開発をやめることは、おそらくないでしょう。6カ国側、端的に言えばアメリカは、その前提で「開発状況をきちんと検証できれば、イランの核開発を認めてよい」と、譲歩しようとしているのです。

この枠組み合意は、具体的なポイントについてはまだいくつか対立が残るものの、イランの核開発疑惑が浮上して以来の十数年で、最も最終合意に近づいた内容と評価されています。

鍵を握ったのは、アヤトラ・ホメイニ師の死後、1989年以来その地位にあるイランの最高指導者、セイエド・アリー・ハメネイ師です。ハメネイ師は交渉期限直前の6月23日の演説で、最終合意における譲れない一線として、

・10年以上の長期にわたる核開発制限は認めない
・経済制裁の解除は最終合意と同日に行われなければならない
・軍事施設への査察は認めない

などの条件を挙げました。これに対し、6カ国側の代表の一人、フランスのローラン・ファビウス外相は、次の3点を合意における不可欠な条件としています。

・核研究開発の永続的な制限
・軍事施設を含む査察
・イランが合意に反した場合には制裁を自動的に復活させる

こうした条件の違いからか、交渉期限とされた6月末には合意にはいたらず、イランと6カ国の協議は延長することになりましたが、結局、7月14日には、最終合意が成立したのです。この合意を受けて、国際社会のイランへの制裁が解かれることになります。それは、世界のエネルギー需給と国際情勢の分水嶺となるでしょう。

2

中東の対立が根深い理由①
スンニ派とシーア派の対立

◆スンニ派とシーア派はどのように生まれたか

中東には多くの対立軸があります。アメリカ×イランもそのひとつですが、ほかにもイスラエル×パレスチナ（ハマス）、サウジアラビア×イラン、イスラエル×イランなどが、互いに反目しあう状態を続けています。

中でも根深いのが、イスラム教の主流であるスンニ派と、傍流であるシーア派との対立です。中東における最大の対立軸は、サウジアラビアを中心としたスンニ派諸国と、シーア派の大国イランの確執であると言えるでしょう。

１９８１年に設立されたペルシア湾岸の産油国による湾岸協力会議（ＧＣＣ）は、イスラム教スンニ派を国教とするサウジアラビア、アラブ首長国連邦、バーレーン、クウェート、オマーン、カタールの6カ国で構成され、シーア派の石油大国であるイランの勢力拡大に神経を尖らせています。

イランは内戦中のシリアでシーア派の勢力を支援し、やはり内戦状態のサウジアラビアの隣国イエメンでも、シーア派武装組織を支援しているとされます。そしてサウジアラビアなどGCC諸国は、その逆に内戦国のスンニ派勢力を支援し、各国で代理戦争を行っているのです。

なぜ彼らは、これほど激しく争い合うのでしょうか。

スンニ派とシーア派の確執は、イスラム教が誕生した7世紀まで遡ります。

イスラム教は7世紀前半に預言者ムハンマド（マホメッド）により創設された宗教です。ムハンマドは632年に没し、その死後、ムハンマドの従弟で娘婿でもあるアリーと、ムハンマドの盟友であったアブー・バクルが後継者候補となります。

このうちバクルがムハンマドの代理人（カリフ）として、教団（イスラム共同体）を統率することになり、カリフの地位はその後、ウマル・イブン・ハッターブへ、次にウスマーン・イブン・アッファーンへと継承されます。初期のイスラム共同体は政教一致で、宗教

イランを中心とした対立関係

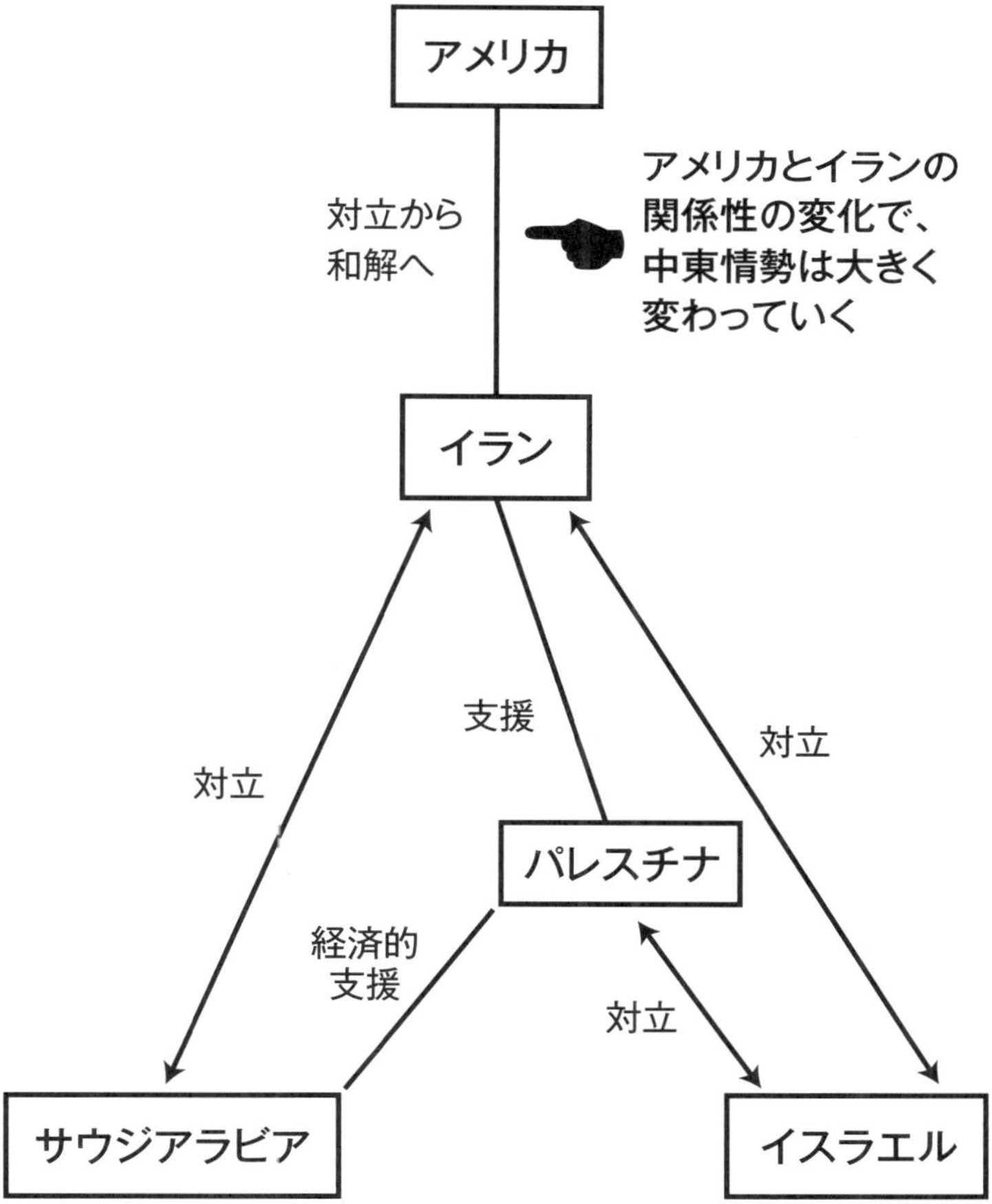

指導者であるカリフは政治的指導者も兼ねたため、カリフはイスラム世界における絶対権力者でした。

第3代カリフ、ウスマーンの死後、4代カリフに前述のアリーが指名されます。

しかしウスマーンの一族であるウマイヤ家のムアーウィヤは、これに反対。抗争の末、アリーは661年に暗殺され、ムアーウィヤは自らカリフとなり、ウマイヤ朝を開きます。

以来、イスラム共同体は、「預言者ムハンマドは生前にアリーを後継者に任命していた。ムハンマドの血を引くアリーとその子孫が教団の指導者（イマーム）であるべきだ」とするシーア派と、「ムハンマドの血筋とは関係なく、共同体内での話し合いによってカリフを選ぶべきだ」と主張するスンニ派に分裂することになりました。

ムアーウィヤの死後、その子ヤズィードがカリフの地位に就きます。それを認めないアリーの次男フサインはウマイヤ朝に対して蜂起しますが、680年、逆に包囲され殺されてしまいます。この事件は「カルバラーの悲劇」として、いまもシーア派の人々に語り継がれています。その後、シーア派はイスラム世界で反主流派に転落することになりました。

◆古代文明を持つイラン人は誇り高き民族

ここまでが教科書に載っている両派の起源ですが、現在に至る両派の対立の背景を読み解くには、さらに古代から連綿と続くオリエントの歴史の理解が必要です。

オリエントとは、古代エジプト、古代メソポタミア（現在のイラク、シリア）、小アジア（現在のトルコ）、古代ペルシア（現在のイラン、アフガニスタン）にまたがる、古代の先進地域の呼び名です。

中でもティグリス川とユーフラテス川流域、現在のイラクとほぼ重なる地域は、かつて世界最古の文明であるメソポタミア文明が栄えた地です。

メソポタミア文明は、紀元前4000年前後に南部のシュメール地方から始まりました。流域では大河を利用した灌漑《かんがい》農業が行われ、紀元前3500年頃からは楔形《くさびがた》文字や青銅器が使用されていたとされます。

メソポタミアでは文明誕生後、シュメール、アッカド、アッシリアといった国家が興亡します。シュメール語は現在に至るまで系統不明の言語ですが、アッカド語、アッシリア語は現在のアラビア語やヘブライ語と同系統に属するセム語族とされています。

前609年、アッシリア帝国が滅亡すると、オリエントには、バビロンに都を構え、メソポタミアからシリアにかけて支配した新バビロニア王国と、小アジアにあって、世界最古の鋳造貨幣をつくったリディア王国、アフリカのナイル川流域を支配したエジプトのサイス朝、そしてメソポタミアの東側、ペルシア高原（イラン高原）に、インド＝ヨーロッパ語族に属するメディア人によるメディア王国という、4つの国が誕生しました。

このうちメディア王国に従属していた、同じインド＝ヨーロッパ語族に属するペルシア人が、前550年、メディア王国の政権を奪取。さらにリディア、新バビロニア、エジプトを征服し、アケメネス朝ペルシアを建国するのです。

こうした古代の歴史から、「イラクは古代メソポタミア文明の末裔、イランは古代ペルシア帝国の末裔」と言われます。両者は地域的には隣接しているものの、民族的にも文化的にも祖先を異にしているのです。

アケメネス朝ペルシアについては、世界史で習った人も多いでしょう。イラン高原に加え、メソポタミア、エジプトを征服してオリエントを統一した大国であり、中興の祖であるダレイオス1世は、ギリシャのポリスとペルシア戦争を戦っています。いわゆるペルシア帝国で、それを建設したペルシア人が現在のイラン人の祖先なのです。

イラン人は、「自分たちはかつて古代オリエント全域を支配していたペルシア人の末裔である」という意識が強く、インド＝ヨーロッパ語族特有の彫りが深い西欧風の顔だちもあって、誇り高い民族です。

◆アラブ人によるイスラム帝国の支配下へ

アケメネス朝ペルシアは紀元前4世紀にアレクサンドロス3世、有名なアレクサンダー大王に滅ぼされ、その後、イラン高原ではセレウコス朝、アルサケス朝などが勃興しました。3世紀から7世紀にかけては、ササン朝が支配します。

ササン朝は、ゾロアスター教の神官階層であったアルダシール1世が、イラン高原のパルス地方で興した国で、ゾロアスター教を国教とし、アケメネス朝ペルシアの復興をめざしていました。

ただし、ササン朝ペルシアの存在していた時期はローマ帝国やビザンチン帝国と重なっていて、その版図はアケメネス朝ほどには広がりませんでした。

隣り合う2つの帝国との抗争で疲弊していたササン朝を636年の「カーディスィーヤの戦い」で破り、これを滅ぼして支配したのが、イスラム共同体です。

アラビア半島でもペルシアとは反対の紅海側のメッカで誕生し、半島全域に勢力を拡大していったイスラム勢力は、セム語族に属するアラビア語を話す、アラブ人と呼ばれる人たちでした。彼らは633年にペルシア領内に侵入を開始し、ほどなくペルシア全土を占領下に置き、ウマイヤ朝を築きました。

中東の歴史においてアケメネス朝、ササン朝など、イスラム以前の帝国はペルシア帝国と呼ばれます。一方、7世紀半ば以降、イスラム勢力が築いたウマイヤ朝、アッバース朝などはイスラム帝国と呼ばれます。

このようにイラン高原に住む古代のペルシア人、すなわち現在のイラン人と、イラクやサウジアラビアなど砂漠の地の大河流域に住むアラブ人たちは、古来、中東の覇権を争ってきた関係にあるのです。

イラン高原から出てメソポタミアを支配していたペルシア人たちは、アラビア半島から来たアラブ人に征服されたわけですが、ペルシア人からすれば、オリエントを本拠とする自分たちこそ文明の先進国であって、アラブ人など、砂漠の野蛮人だと思っていたのです。

ところが高度な文化を誇ったササン朝がその野蛮人に滅ぼされ、自分たちはアラブの世界に組み込まれてしまいました。

これは誇り高きペルシア人にとって、歴史的な屈辱でした。

◆なぜペルシア人はシーア派になったのか

イスラム教では、同じ聖書を奉ずるキリスト教徒、ユダヤ教徒、サービア教徒という「啓典の民」以外の異教徒には、イスラム教への改宗を迫ることが原則とされています。ペルシアを征服したウマイヤ朝では、イスラムの教義に従い、イスラム教徒には収穫物の10分の1を納めるウシュル（十分の一税）のみが課され、異教徒には重いジズヤ（人頭税）とハラージュ（地租）が課されたため、征服されたペルシア人やその他の民族は重税の負担から逃れるため、次々とイスラムへ改宗していきました。

その際、ペルシア人たちが選んだのが、ウマイヤ朝に忠誠を誓うスンニ派ではなく、ウマイヤ朝のカリフと対立し、反体制派を形成していたシーア派だったのです。

アリーが暗殺され、スンニ派とシーア派が分かれた661年は、皇帝ヤズデギルド3世の死によってササン朝が滅亡した651年からわずか10年後のことでした。

680年のカルバラーの悲劇（54ページ参照）により、アラブ内で完全に反主流派に転落したシーア派は、勢力逆転の望みを託して、被征服民の雄であるペルシア人に接近していったのです。

歴史の教科書には書かれていませんが、このときシーア派を選んだペルシア人の間では、「第4代カリフだったアリーの次男フサインの妻は、ササン朝王家の女性であり、以後の歴代の指導者（イマーム）はペルシア人の血をひいている」と信じられていました。イランに伝わるこの伝承の真否は不明ですが、あるいはウマイヤ朝当時、シーア派がペルシアにおいて信者を獲得するために用いた方便だったのかもしれません。

異教徒からイスラム教徒へ改宗した、ペルシア人など非アラブ系のムスリムは、アラブ人から「マワーリー」と呼ばれました。しかしウマイヤ朝では、異教徒の改宗を命ずるイスラムの教理にもかかわらず、税収の減少を嫌って異教徒たちの改宗を歓迎せず、改宗者に対しても従来通りの租税の支払いを強要したため、「神の前の平等を説くイスラムの教えに反する」として、マワーリーの間には不満が高まります。

8世紀に入ると、「ウマイヤ家はイスラム共同体を私物化し、コーランの教えに反している」「ムハンマドの一族こそがイスラムの指導者であるべきだ」と主張する、シーア派による反政府運動が広がります。この運動の中心はペルシア人などの被征服民族であり、実態は教義に名を借りた民族運動でした。

反政府運動は高揚し、747年、シーア派の反体制アラブ人が指揮し、マワーリーを主力とする反ウマイヤ朝勢力が決起。750年、ザーブ河畔の戦いでウマイヤ軍を倒し、アッバース朝を建国します。

◆こうしてシーア派が反主流派になった

ところがここで、反乱軍の主力であったシーア派のペルシア人たちにとって、ありえない事態が起きます。シーア派に担がれてカリフの座についたはずのアブー・アル・アッバースが、アラブ多数派の支持を取り付けようと、シーア派からスンニ派に転向してしまったのです。

この裏切りは当然ながら、アッバースをカリフに推したシーア派を憤激させ、以後、アッバース朝ではシーア派の反乱が繰り返されることになります。

改宗ペルシア人を中心とし、反乱成功で一時は主流派となったかに思われたシーア派ですが、その思いは踏みにじられ、以後もイスラム世界にあって、永遠の反主流派であることを強いられたのです。

ただ、アッバースの名誉のためにつけ加えれば、アッバース朝はすべてのイスラム教徒に平等な権利を認め、有能な人材は民族にかかわらず抜擢するなど、ウマイヤ朝に比べ、はるかに異民族に公平な帝国であったことが知られています。

このようにシーア派という分派には、誇り高いペルシア人が野蛮なアラブ人に征服され、改宗後も被征服民族として差別的に扱われ、反乱に加担したのに裏切られてしまったという、度重なる歴史的な屈辱、民族としての拭いがたい怨念が込められています。現在も続くスンニ派とシーア派の対立の裏には、アラブ人とペルシア人という、2つの民族の歴史的な確執が隠されているのです。

こうして、キリスト教世界では16~17世紀に起こった2大宗派（カトリックとプロテスタント）間の争いと同じ構図の争いが、現代の中東で、1000年以上も前からの民族の争いとも関わりながら、再現されることになりました。

3 中東の対立が根深い理由②

アラブとイスラエルの断絶

◆迫害されたユダヤ人のパレスチナ入植

中東が世界の火薬庫と言われるほど紛争の多い地域になった理由は、スンニ派とシーア派の対立だけではありません。

中東において、スンニ派・シーア派の確執と並ぶ対立軸が、イスラエルとアラブ諸国の対立です。こちらも根は深く、現在のパレスチナを中心とする地域における、紀元前からの歴史の理解が欠かせません。

現在、イスラエルのある地域は、古代に「カナンの地」と呼ばれ、肥沃で居住に適していたため、さまざまな民族が暮らしていました。その中にユダヤ人の祖先であるヘブライ人もいたのです。

ヘブライ人たちはその後、エジプトに移住しますが、やがてこの地に戻ってきて、紀元前11世紀頃にイスラエル王国を建国します。しかしイスラエル王国は内乱で分裂し、アッシリアや新バビロニアによって滅ぼされます。

紀元前140年頃になると、この地にはユダヤ系のハスモン朝が誕生しますが、ほどなくローマ帝国に征服され、その属州となります。イエス・キリストはこの属州時代にユダヤ人として生まれています。ユダヤ人たちは独立を取り戻そうとローマ帝国に何度も反乱しますが、鎮圧され、相当数が離散して各地に渡っていきました。

ローマ帝国が衰亡すると、エルサレム周辺はイスラム帝国の支配下に置かれました。その後、ヨーロッパに渡ったユダヤ人たちの間では、19世紀になって「祖国シオン（エルサレム）に帰ってユダヤ国家を建設しよう」という、シオニズム運動が始まります。その背景にあったのは、ヨーロッパのキリスト教世界における、ユダヤ人への絶え間ない迫害でした。

集団的なユダヤ人への迫害は、ロシア語で破壊を意味する「ポグロム」と呼ばれます。たとえば1648年から1657年にかけてウクライナで、1819年にはドイツで、

1881年から1884年にかけて、また1905年にはロシアで、大々的なポグロムが行われ、多くのユダヤ人が財産と生命を失いました。ユダヤ迫害というと第2次世界大戦中のナチスドイツによるユダヤ人の大量虐殺「ホロコースト」が知られていますが、ホロコーストは、そうしたポグロムの歴史の延長線上で行われた蛮行なのです。

こうした迫害を受け、19世紀の終わりには主に東ヨーロッパから、数万人単位のユダヤ人が、オスマン・トルコ支配下のパレスチナに移住していきました。

◆中東を混乱させたイギリスの二枚舌外交

20世紀に入ってからも、ユダヤ人たちの集団移住は続きます。

第1次世界大戦中、イギリスの外務大臣アーサー・バルフォアは、ユダヤ系貴族のロスチャイルド男爵に対し、ユダヤ人がパレスチナに居住地を建設することを支援する旨、書簡で約束しました。これを「バルフォア宣言」と呼びます。

しかし一方でイギリスは同時期に、外交官ヘンリー・マクマホンを通じて、戦争中にアラブがオスマン・トルコに対し反乱を起こすことを条件に、戦後、アラブ地域のオスマン・

トルコからの独立を支持することを、メッカの太守フサイン・イブン・アリーに約束していました。これを「フサイン＝マクマホン協定」と呼びます。

イギリスは大戦で敵に回ったオスマン・トルコを崩壊させるため、「アラビアのロレンス」ことトーマス・エドワード・ロレンスに代表されるような情報将校を使い、アラブ人たちに反乱をけしかけたのです。

一方ではオスマン・トルコ支配下にあるアラブ人たちの独立国家建設を約束し、一方ではそのアラブ人たちの居住地であるパレスチナにおける、ユダヤ国家建設への協力を表明する。このイギリスの二重外交が、いまに至るパレスチナ問題の一因をつくったのです。

第1次世界大戦後、パレスチナの支配権はオスマン・トルコからイギリスに移り、バルフォア宣言に基づき、イギリスはイギリス委任統治領パレスチナへのユダヤ人たちの移住に協力することになります。

バルフォア宣言の存在を知ったアラブ人たちは、激怒してその撤回をイギリスに要求しますが、ユダヤ人たちは、アラブ人たちの反感を無視して、ユダヤ人国家建設に向け、パレスチナへの新たな移民を進めていきました。

もともとアラブ人たちの居住地であったパレスチナに大量のユダヤ人が移民していった

ことは、必然的に現地で両者の摩擦を生み出しました。

１９２９年にはアラブ人がユダヤ人を襲撃、双方に１００人を越える死者が出るという「嘆きの壁事件」が、１９３６年にはパレスチナのアラブ人指導部がイギリス政府にユダヤ人移民の制限やユダヤ人への土地売却禁止を求め、パレスチナ全土でゼネストに入るという「アラブの反乱」が発生しています。

ユダヤ人とアラブ人の対立は激化し、パレスチナでは紛争が日常化して、やがてイギリスも統治しきれなくなります。第２次世界大戦を経て、パレスチナ問題の解決はイギリスの手を離れて国連に委ねられることになり、議論の末、この地にユダヤ人国家とアラブ人国家の２つを創設する案が国連総会で採択されました。

この採決を受け、１９４８年5月14日、ユダヤ人政府はイスラエルの独立を宣言しました。しかしアラブ諸国はイスラエルの独立を認めず、アラブ系パレスチナ人を支援するためイスラエルに侵攻、ここに第1次中東戦争が勃発します。

イスラエル軍は侵攻してきたアラブ連合軍を阻止し、国連の仲介もあって、第1次中東戦争は翌１９４９年に終了します。しかしこの戦争により、数十万人のアラブ系パレスチナ難民が発生、隣接するヨルダンやシリアに流入していきました。

◆イスラエルとアラブの対立は宗教対立ではない

イスラエルとアラブ諸国との間では、その後、エジプトによるスエズ運河国有化宣言をめぐって1956年に、エジプトによる海峡封鎖をめぐって1967年に、第2次・第3次中東戦争が戦われました。

1973年には、エジプトとシリアがイスラエルに奇襲攻撃を仕掛け、第4次中東戦争が発生します。この戦争では石油輸出国機構（OPEC）に加盟するペルシア湾岸の6カ国が、原油公示価格の引き上げを、またアラブ石油輸出国機構（OAPEC）が、原油生産の段階的削減と、アメリカをはじめとするイスラエル支持国への石油禁輸を宣言し、第1次オイルショックが世界を襲いました。

過去4回に及ぶ中東戦争は、直接的には第2次世界大戦後に国連の主導でイスラエルが建国されたことに起因しています。しかしその根は深く、ヨーロッパで異教徒として迫害され続けたユダヤ人の歴史と切り離すことはできません。

日本では、ユダヤ教を信じるユダヤ人とイスラム教徒のアラブ人の宗教の違いが両者の対立の原因であるかのように思われがちですが、実際はそうではありません。

先に触れたように、もともとイスラム教では、ユダヤ教徒を「啓典の民」として、仲間に近い扱いをしていました。19世紀にヨーロッパでシオニズム運動が盛り上がり、大量の移民がパレスチナに押し寄せてくるまでは、アラブ側もことさらユダヤ教徒を敵視することはしていなかったのです。

しかしイスラエル建国後は、アラブ側の指導者たちにとって、ユダヤ国家の存在が、アラブをひとつにまとめるための格好の敵役となります。

イギリスからの独立後、1952年に軍部が王制を打倒したエジプトでは、1956年にガマル・アブドル・ナセルが第2代大統領に就任し、「汎アラブ主義（アラブ民族主義）」を提唱します。

汎アラブ主義とは、国境を越えてアラブ人が民族的に連帯する必要を訴える思想です。ナセルはアラブ諸国に団結を呼びかけ、アラブ民族の同胞パレスチナ人の土地を占領して建国したイスラエルとの対決を主張します。

ナセルは就任直後に第2次中東戦争を経てスエズ運河国有化に成功、中東における政治的指導力を獲得しました。国内では「イスラエルに対し、アラブ人として団結すべきだ」

として国民の目を国外に向けさせ、情報機関・治安機関を強化して反対派を粛清、独裁体制を強化していきます。

ナセルはその後、第3次中東戦争でイスラエルに惨敗を喫したことでアラブ世界における権威を喪失しますが、植民地から独立したものの、国内にさまざまな民族や宗派の対立を抱えた多くのイスラム圏の国々では、それぞれが国家としてまとまるために、アラブの盟主とされたナセルの独裁的な手法を真似るようになっていきました。

◆アラブで反米・独裁国家が生まれた背景

イスラエルを仮想敵国として国民の団結を訴えたナセルのもうひとつの戦略が、米ソ冷戦下における外交戦略です。冷戦の一方の盟主であるアメリカがイスラエル寄りの外交姿勢を取ったこともあり、意図的にソ連に接近していきました。

汎アラブ主義のエジプトやそれに追随するイスラム諸国がソ連の支援を受けて共産色を帯びるようになっていくと、アメリカは危機感に駆られます。

第2次世界大戦後の冷戦では、米ソは互いに直接、戦闘することはなく、第3国でそれぞれ自分たちに近い勢力を支援し、間接的な形で勢力争いを行っていました。

朝鮮半島では北朝鮮と韓国、ベトナムでは北ベトナムと南ベトナムが2つに分かれて代理戦争を戦い、カンボジアでも王制社会主義と言われたシアヌーク側と親米のロン・ノル政権、後期には共産主義のクメール・ルージュなどが米ソの支援を受けながら内戦に明け暮れたのです。1950年の朝鮮戦争勃発後、日本と安全保障条約を結んだのも、東アジアに対共産主義の防波堤を築くための、アメリカの外交戦略の一環です。

アメリカは中東において、イスラエルおよび王制下のイランを資本主義諸国の前線基地と位置づけ、軍事的な協力関係を強化するようになっていきます。

イスラエルとアラブ諸国とは4回にわたって中東戦争を行いましたが、強力なアメリカの支援を受けるイスラエルに対し、アラブ諸国は一度も勝利することができませんでした。

エジプトやイラク、シリアなど、イスラエルと隣接する国々では、繰り返される中東戦争を通じて、軍が肥大化していきました。これらの国ではやがて軍は王家を追放して国家の支配者となります。軍の頂点に立つものが独裁者として国内に君臨するという構図が中東に広まりました。

これらの国々はイスラエルとの戦争と並行して、パトロンであったソ連から社会主義制度を導入し、経済の近代化を試みます。しかし中央が統制する計画経済が中東で機能することはなく、いたずらに官僚制を肥大化させただけでした。

植民地から脱却したばかりの中東諸国は、独裁制と社会主義の導入によって、資本主義経済の発展や民主主義的な社会づくりの機会を失ってしまったのです。

4 イラン革命とアメリカ・イランの対立

◆第2次大戦後はアメリカと親密な関係だったイラン

その一方で、イラン高原の国イランは、そうした中東の紛争とはやや距離を置いてきました。

ここで、現在に至る古代以降のイランの歴史を振り返っておきましょう。

7世紀のイスラムによる征服の後、イラン高原ではサーマーン朝、ブワイフ朝、セルジューク朝、ホラズム・シャー朝など、イラン系・トルコ系のさまざまな王朝が興亡します。14世紀以降、中東ではオスマン・トルコが勢力を拡大していきます。しかしイランはティムール朝、サファヴィー朝の下でオスマン帝国に対抗し、17世紀以降は欧米列強の干渉を受けながらも、独立を維持します。

第1次世界大戦後の1921年、イランの保護国化を狙うイギリスの動きにイラン国民が反発、国内の混乱をついてイラン軍のレザー・ハーン大佐がクーデターで政権を奪い、1926年に皇帝（シャー）レザー・パフラヴィーとして即位、パフラヴィー朝を立ち上げました。

レザー・パフラヴィーはイラン民族主義に立ち、近代的教育制度を導入し、法制を整備し、鉄道の敷設を進めるなど、イランの近代化を推進します。しかし第2次世界大戦中、ドイツ主導の枢軸国側に接近したことを理由に、連合軍のイギリス、ソ連に占領され、息子のモハンマド・レザー・パフラヴィー（パーレビ国王）への譲位を強要されました。

戦後、パーレビ国王は国家情報治安機構（SAVAK）を創設して反対派を抑圧、独裁色を強めつつ、イランを中東における対ソ連前線基地としたいアメリカの意向に沿って関係を強化、「白色革命」と呼ばれる、上からの近代化を進めていきます。

アメリカ側はイランに最新鋭のF14戦闘機やボーイング747旅客機を供与するなど、中東では異例の厚遇でパーレビ体制を支えます。先に核疑惑をめぐるアメリカとイランの対立に触れましたが、第2次世界大戦後、冷戦初期の間は、両国はむしろ緊密な関係を維持していたのです。

◆イラン革命が引き起こした「小さな冷戦」

パーレビ国王は英語、フランス語を操る開明的なインテリでした。しかし、上からの近代化改革の一環として、女性の顔を覆うヒジャブの着用を禁止したり、選挙権をイスラム教徒に限定する法律を撤廃するなど、反イスラム的ととれる政策を進めようとしたことが、イスラム法学者など保守層の反発を招きます。

そこにソ連の後ろ盾を受けた左翼勢力も加わり、反体制運動が激化。やがて治安を維持できなくなり、パーレビ国王は国外に脱出、代わって国外に追放されていたイスラム指導者アヤトラ・ホメイニがイランに帰国し、イスラム革命評議会を組織して実権を掌握します。

１９７９年４月、イランは国民投票に基づき王制を撤廃、イスラム共和国の樹立を宣言しました。これがイラン革命です。

ホメイニを中心とするイランのシーア派イスラム政権は、反米・反イスラエル・反キリスト教を掲げ、欧米と敵対します。前国王パーレビがガン治療のためアメリカに入国すると、それに反発した学生らが1979年11月、テヘランのアメリカ大使館を占拠し、前国王の引き渡しを求める、「アメリカ大使館人質事件」が発生。以降、アメリカとイランは敵対関係に入ります。

シーア派政権となったイランは、レバノンのシーア派系イスラム過激派ヒズボラ、イスラエル打倒を目ざすパレスチナの過激派ハマスなどの支援を開始。アメリカだけでなく、スンニ派のサウジアラビア、仮想敵国とされたイスラエルとの関係も緊迫します。

1980年、イランでシーア派イスラム政権が誕生した翌年、イラクのスンニ派サダム・フセイン政権がイランに侵攻、イラン・イラク戦争が勃発します。この戦争は1988年まで続き、アメリカから武器禁輸措置を受けていたイランは、国是である反イスラエルを曲げて、イスラエルから武器を輸入したとされます。

一方のアメリカも、レバノンで活動中であった米軍兵士がヒズボラに捕らえられたことで、ヒズボラ支援国であるイランに接触。人質救出と引き換えに、イラクと戦争中であるイランへの武器売却を認めることになります。秘密裏に結ばれたこの協定は後に発覚し、「イラン・コントラ事件」として世上を騒がしました。

その後もアメリカ歴代政権とイランのイスラム政権の反目は続きます。

アメリカとイランの長期にわたる対立は、実際の戦闘に至ることはありませんでした。いわば中東における、小さな冷戦と言えます。しかしこの対立において、アメリカはその気になればいつでも、イランのイスラム政権を打倒できる立場でした。

イラン側もそれがわかっていたからこそ、自衛のために核兵器の開発に執着したのでしょう。

5 なぜアメリカとイランは和解を急いだのか

◆アメリカの真の狙いは、イランではなく中国

アメリカのイランへの譲歩の背景にあるのは、中国の台頭です。

経済関連の国際的な機関は例外なく、「中国は近い将来にGDP世界1位になる」と予測しています。

たとえば2014年4月、世界銀行は「2011年時点の購買力平価換算の国内総生産（GDP）を基にした推計によれば、中国が2014年中にもアメリカを抜いて1位になる」と発表しました。

経済協力開発機構（OECD）も2014年7月、「2060年までに中国の1人当た

りGDPは現在のアメリカ並みとなり、国全体のGDPでは圧倒的な1位となる」との見通しを発表しています。

2015年に入っても、世界的なコンサルティング会社プライスウォーターハウスクーパースが「中国は2030年までに世界最大の経済大国になる」と予測しています。要するに世界中の権威ある経済機関が官民挙げて「チャイナ・アズ・ナンバーワン」と口を揃えているわけです。

そうした予測はもちろん、アメリカ政府も強く意識しています。しかしアメリカ政府関係者は、自分たちが世界ナンバーワンの地位から滑り落ちることを快く思ってはいません。中国がアメリカの覇権に挑戦しようとしている。アメリカ政府はいま、アジアにおける中国の台頭に対処しなくてはならないという危機感を持っています。中国に対抗するために、その他の国との対立については幕引きしようと考えているのです。

アメリカのオバマ大統領は2014年12月、「外交関係が断絶しているキューバと、国交正常化に向けた交渉を始める」と公式に発表。続く2015年4月、オバマ大統領とキューバのラウル・カストロ国家評議会議長はパナマで行われた米州首脳会議で握手を交わし、アメリカとキューバが国交を断絶した1961年以来初めて、両国首脳による会談が行われました。そして２０１５年7月、アメリカとキューバは54年ぶりに国交を回復したのです。

アメリカが自国の裏庭である中南米でキューバとの和解を進めている裏にも、覇権をうかがう中国の存在があります。援助外交や運河建設で中南米の反米国に接近している中国をにらんで、足元を固めようとしているのです。

イランとの和解を進めていたのも、中東情勢をできるだけ安定化させ、アジア戦略に集中したいという背景があるわけです。

こうしたアメリカの外交方針はオバマ政権だけのものでなく、次の政権が民主党のクリントンになろうと、共和党のブッシュになろうと変わることはないでしょう。

アメリカの視点から見れば、イランはサブプレーヤーにすぎません。メインはあくまで中国なのです。

しかし、そのイランとの関係改善は、エネルギーの需給バランスの変化を引き起こし、さらに中東に連鎖的な対立関係の解消をもたらして、世界の勢力図を変えてしまう可能性を秘めています。

◆対米和解を進めたいイランの事情

イランとの核問題についての交渉では、過去にも「合意する」と報じられたことが何度かあったものの、結局はまったく進まなかったという経緯があります。しかし、今回は違いました。

イランにはイランで、アメリカと妥協しなければならない事情があったのです。

イランに対して実施された国際的な経済制裁措置は、2010年6月の国連安全保障理事会の決議に基づくものです。

この決議では、イランへの核開発計画に関連した渡航を禁止し、イランの弾道ミサイルに関わる活動を禁止し、イランへの武器禁輸を強化し、イスラム革命防衛隊などイランのイスラム系政治団体の資産を凍結し、イランの銀行の支店が加盟各国で開店すること、および各国の金融機関がイランに開店したり口座を開設することを禁止しました。また、各国政府にイラン向けの貨物を検査することも要請しています。

これを受けて日本でも、イランの銀行との取引や、イランのエネルギー分野への投資を禁止し、イランで核開発計画に関係していると見られる個人や企業の資産を凍結しました。

日本はイランにとって第2位の原油輸出先ですが、国連決議を受けた日本政府からの民間輸入業者への要請により、イラン産石油の輸入シェアは２０１１年以降、大きく低下しています。２０１１年は東日本大震災により原子力発電所が軒並み稼働停止し、全体としてエネルギー資源の輸入量が跳ね上がった年でしたが、イランからの原油輸入量についてはおよそ20％減っています。

各国の中で最も強硬な制裁を行ったのがアメリカで、２０１２年2月にはアメリカにあるイランの政府機関ならびに金融機関の全資産を凍結しました。また一般貿易を含めイランとの間の経済活動を全面的に禁止し、イランと取引する場合は、財務省から特別に許可を得ることを求め、違反した企業には制裁措置が課せられました。

ＥＵもイラン産原油の輸入を制限し、輸入量を半減させたほか、イラン中央銀行の資産を凍結し、イランに対する国際銀行間通信協会のサービスを停止、またイラン政府とイランの企業への保険の提供も禁止しました。

イランへの経済制裁では欧米だけでなく、歴史的に貿易が盛んでイランにとって最大の交易相手国であるＵＡＥなどペルシア湾岸の産油国も、貿易決済の停止などを実施、イラン経済に対する制裁に参加したのです。

◈経済制裁で疲弊しているイラン国民

こうした情勢から、2010年に入ると民間企業の間でも、イランでの油田やガス田の開発から撤退したり、交渉を凍結する例が相次ぎました。

2010年3月には、ロシアのルクオイルが、権益を有するイラン油田鉱区の開発断念を発表。英蘭系のロイヤル・ダッチ・シェル、ノルウェーのスタットオイルヒドロ、仏トタルがイランでのエネルギー関連の活動を停止し、オーストラリアのOMV、スペインのレプソルもサウスパースガス田開発の交渉を凍結。10月には、日本の国際石油開発帝石も、アザデガン油田開発プロジェクトからの撤退を表明しました。

国連決議を無視してイランでのエネルギー開発に踏み留まったのは、ノースパース、ゴルシャンなどのガス田開発に参加した中国海洋石油（CNOOC）、サウスパースガス田の開発に合意した中国石油天然気集団（CNPC）などわずかで、それもイラン側の資金難から作業が滞ってしまうことになりました。

1970年代には日量600万バレルを越えていたイランの原油生産量は、制裁により2015年現在、同300万バレルを割り込んでいます。

イラン政府の財政は、予算のおよそ45%が石油および天然ガスの収益とされます。イランの場合、財政が均衡する原油価格は1バレル120~130ドルとされ、ただでさえ核開発問題による米欧の経済制裁で原油輸出が制限されたことに加え、2014年後半からの1バレル60ドルを切る原油安により、政府の財政は逼迫していました。

社会インフラの整備が遅れているイランでは、老朽化した石油生産設備の更新や補修に巨額のコストがかかることは当然として、道路や発電設備、通信網などのインフラも大規模な整備が必要な状態にありますが、財政難で滞っているのです。

こうした制裁措置により、イラン経済は急激に悪化します。各国がイランとの貿易を取りやめたことで、生活物資の物価は跳ね上がり、衣料品なども手に入りにくくなったのです。また、外国製機械の部品調達ができなくなったことが原因で、自動車や飛行機の事故やインフラの故障も相次いでいます。イラン政府の公式統計では20%程度とされているインフレ率は、通貨リアルの暴落により実際には50%にも達し、パンや乳製品の価格の高騰が国民生活を直撃。原油収入減少で財政難に陥ったイラン政府が、工場や家庭で使う電気、水、天然ガスへの助成を打ち切ったことで、光熱費は一気に3倍に急騰しました。対外貿易の多くが不可能になった結果、倒産する企業が続出し、公式統計では15%とされる失業率も、実際にははるかに高い状態にあると見られています。

こうした経済制裁の長期化で国民は疲弊しています。

◆経済制裁で1人当たりGDPも激減

1961年以来、半世紀以上もアメリカの経済制裁を受けてきた南米のキューバでは、ベルリンの壁の崩壊で1990年代にソ連からの援助が途絶えるようになって以来、20年以上にわたり国民が貧しい生活を強いられてきました。

2014年12月、アメリカとキューバの国交回復が報じられたとき、誰よりも喜んだのは、「これで貧しさから開放される」と思ったキューバ国民だったのです。

同じようにイラン国民もすでに5年近く、世界の経済制裁に苦しんでいます。

原油収入の低下によって、中東の他の産油国とイランには経済格差が生じ、生活が苦しくなった国民の間では対米和解を望む声が強まっています。イラン国民はインターネットを通して、世界の国々の生活を知悉しており、「イランには石油がたくさんあるのに、なぜ自分たちは貧しい暮らしに耐えなければならないのか」と不満を募らせているのです。

中東の産油国の中でも、とりわけドバイやカタールのような、湾岸の小さな首長国の国民は、非常に豊かな暮らしぶりで知られています。これらの国は人口が220万～230万人とわずかなので、潤沢な石油収入を少数の国民で分け合うことができるのです。つらい仕事、給料の安い仕事は居住人口の8割を占める出稼ぎ外国人に任せ、自国民は裕福な生活を楽しんでいます。

一方、中東の大国サウジアラビアは人口約3000万人。うち70％以上が自国民とあって、ドバイやカタールのように石油収入だけで全国民を養うことまではできません。国民1人あたりGDPは2014年のIMFの推定で2万5000ドル弱と、同年の日本の3万6000ドル強を下回っています。ただし税金がほとんどかからず、電気やガスには補助金があり、教育費も医療費も無料、住宅も補助でほぼ無償で住め、国立大学では学費がかかるどころか、お小遣いがもらえると言いますから、生活の不安はまったくありません。サウジアラビアは失業率が30％とも言われますが、政府が原油収入で生活を補助してくれるおかげで、若者は職に就かなくとも問題なく生活できてしまいます。

イラン国民から見れば当然、うらやましいわけです。

先日、私は中央アジアの産油国、アゼルバイジャンを訪れました。アゼルバイジャンは人口1000万人弱。やはり独裁国家で、バクー油田からの原油収入で経済が成り立っています。イランと同じシーア派なのですが、戒律はごく緩く、街中でお祈りしている人の姿や、ヒジャブ（スカーフ）で顔を隠している女性を見かけることはほとんどありません。首都の中心部にはブランド店が並び、見た目はヨーロッパの大都市や日本の銀座などと変わりません。外国人であれば、お酒も簡単に手に入り、レストランでお酒を飲んでも咎められることはありません。

国によって違うでしょうが、イスラムを国教とする国であっても、それほど熱心に戒律を守っている国ばかりではないということです。

アゼルバイジャンの1人当たりのGDPは、IMFの推計によれば、2013年に7900ドル。

一方、同じくIMFの推計によれば、イランの1人当たりのGDPは、2011年には7500ドルを超えていたものが、経済制裁の強化と原油価格の低迷により、2014年には5000ドル強にまで落ちています。

イランの1人当たりGDP

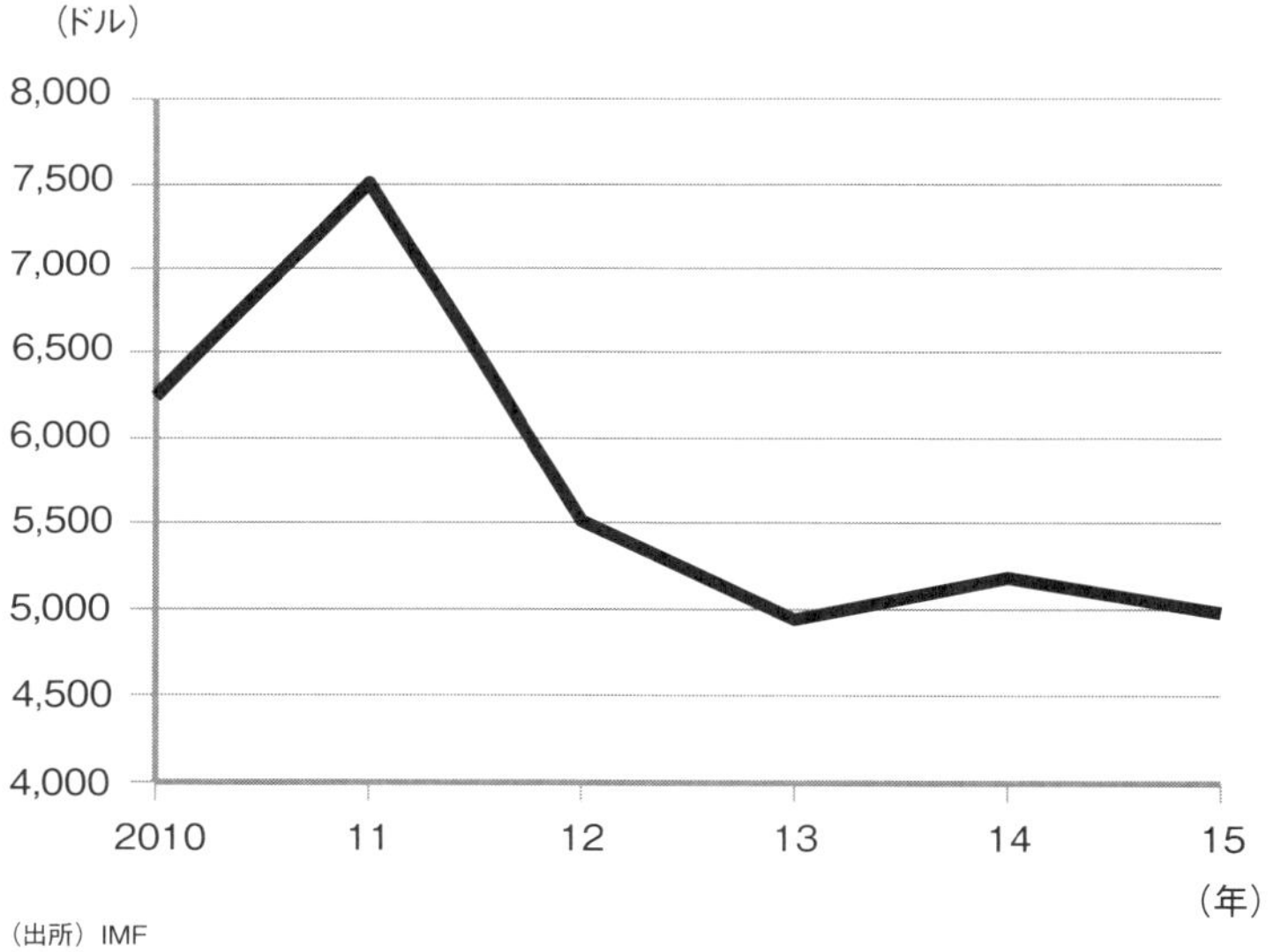

(出所) IMF

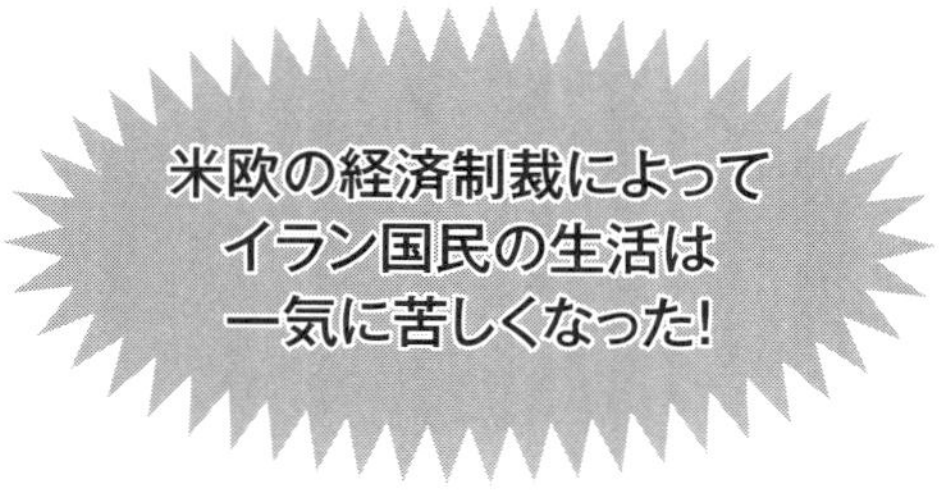

◆イラン人こそアメリカとの和解を求めていた

他の中東諸国と同じく、イランも若者が多く、平均年齢はまだ20代です。若い世代は政府のインターネット規制をかいくぐって、米欧の情報にアクセスしており、流行やファッションにも敏感です。もともとイランはイスラム国家の中では宗教的に厳格ではなく、女性はおしゃれをして街を闊歩し、モスクに礼拝に出かけるのは人口の1割にも満たないと言われるお国柄です。

枠組み合意の後、首都テヘランで実施されたテレビ局のインタビューでは、多くの市民が経済制裁緩和への期待を語っていました。イランの株式市場には制裁解除を見込んで買い注文が殺到し、旅行業界でも観光客増加を見込んで、観光ガイドの希望者が集まっているそうです。本音では古いイスラムの習俗を嫌って、「早くアメリカと仲直りしてくれ。イランには原油も天然ガスもあるのだから、経済制裁さえ解ければ、それを売って、産油国としてもっと豊かな生活を享受できるはずだ」と思っている人が多かったのです。

国民の不満が強まる情勢の中で、イランの政治指導者たちの間では、「アラブの春」がイランで起こることを恐れる空気が広がっています。民衆の反体制運動を未然に防ぐためにも、イランには核問題で和解を急ぎ、豊かな国を目指さなければならない事情があるのです。

このためハメネイ師を頂点とするイランの保守派層も、アメリカとの和解に対し、大っぴらには反対していません。保守層の反対で和解交渉が頓挫するようなことがあれば、それこそアラブの春のような反体制運動が起きてしまいかねないという危機感を、密かに抱いているのでしょう。

アラブの春は、中東世界をより一層混迷させたわけですが、イラン政府と交渉してきた6カ国にとっては、交渉を後押しする力のひとつになったのです。

第2章

これから世界経済に地殻変動が起こる

1 イランの制裁解除はシェール革命並みの衝撃

◆ここ10年で石油の埋蔵量が劇的に変わった

２０１３年６月、原油価格が１バレル１００ドルを挟んで上下していた頃、私は「原油価格は今後、１バレル１５０ドルを超えることはない。３年後には原油価格は半値になっているだろう」と予測しました。

実際には、それから2年後の現在、原油価格はすでに1度半値になり、現在は１バレル50ドル強で推移している状態です。

原油価格は今後二度と、１バレル１００ドルを超えることもないでしょう。本章では、その根拠についてお話しします。

長期的に見たとき、エネルギー価格の最大の下落要因は、イランの国際社会復帰による原油と天然ガスの増産にあります。

石油の世界では、鉱区探索や採掘技術の進歩により、原油の確認埋蔵量が増えていくという現象があります。

たとえば、ＢＰ社が毎年発行しているエネルギー関連の調査報告書の最新版（２０１４年）によれば、世界の原油の確認埋蔵量のトップは、南米のベネズエラとなっています。ベネズエラの確認埋蔵量は２９８３億バレルと、この10年間で3倍以上にも増え、それまで世界1位とされてきたサウジアラビアの２６７０億バレルを追い抜いてしまったのです。

この急増の理由は、原油の採掘・処理技術の進歩と、過去10年間の原油価格の高騰にあります。

ベネズエラの原油は、かつては技術的に採掘が困難で、精油処理もコストが高すぎるとされた重質油・超重質油の割合が高いことが特徴です。しかし過去10年間の採掘技術と精油技術の進歩、そして原油価格の高騰により、コスト的に採掘可能とみなされる原油の量が飛躍的に増加したのです。

ベネズエラ以外にも、この10年間に大きく確認埋蔵量が増えた国が2つあります。

原油埋蔵量の世界シェア

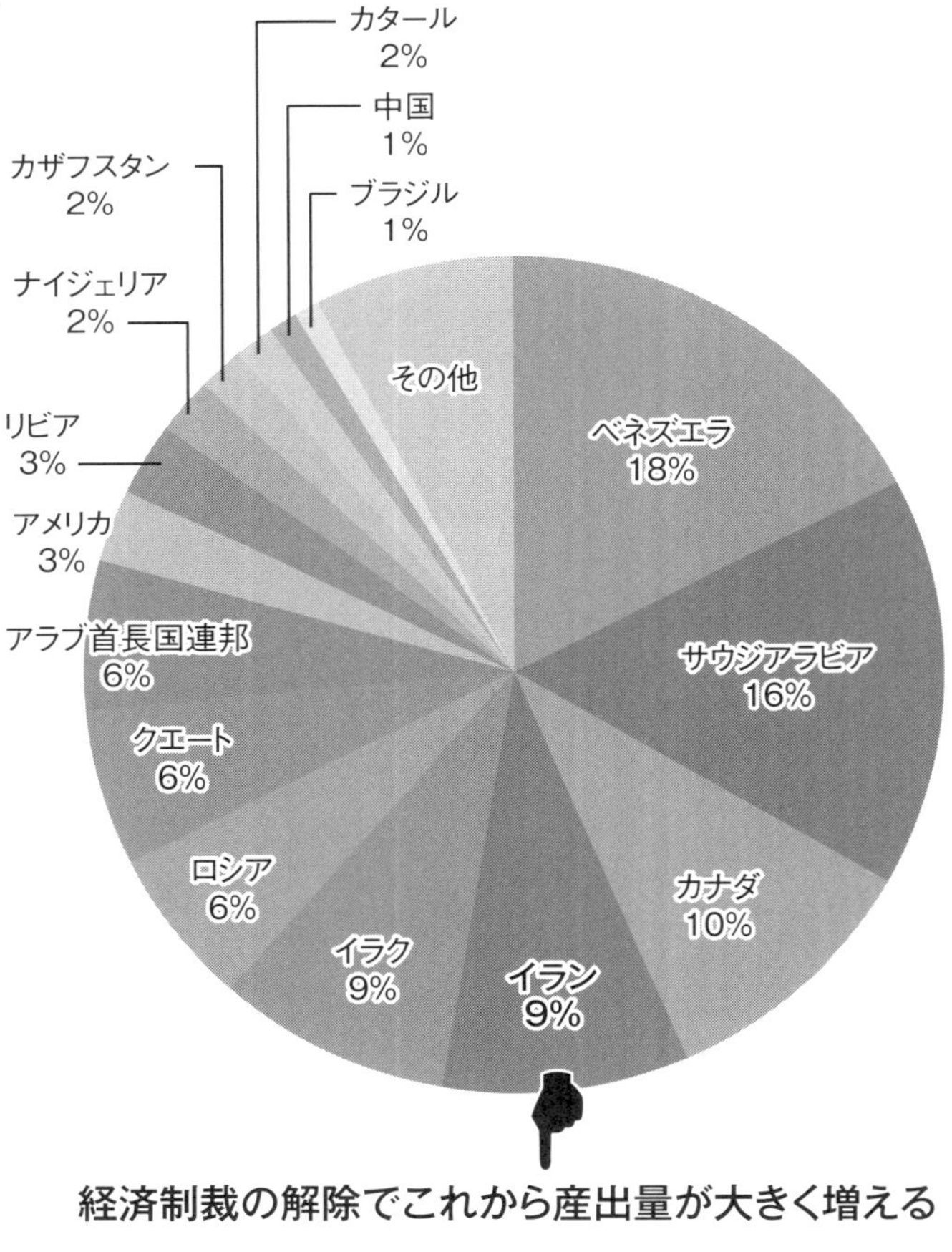

（出所）BP Statistical Review of World Energy

イラク、そしてイランです。それぞれ、10年前に1150億バレル、1327億バレルだったもので、最新のレポートではイラクが1500億バレル、イランが1578億バレルと、2～3割増加しています。両国は現在、ベネズエラ、サウジアラビア、そして主にシェールオイルを産するカナダに続き、世界の4位、5位を占めています。

実はアメリカも、シェールオイルの探鉱が進んだことで確認埋蔵量が、10年前の294億バレルから485億バレルへと大きく増え、世界トップ10に食い込んだのですが、それでもイラン、イラクとは桁がひとつ違います。

◆これからイラン産の原油はどれだけ増えるのか

イランはペルシア湾、オマーン海、西部のザグロス山脈周辺など、全国各地に原油鉱区を有し、かつては日量600万バレルを超える生産量を誇っていました。

現在のイランの石油の生産量は、輸出の販路を失って制限した結果、日量で300万バレル弱とされ、うち輸出量は日量130万バレル程度となっていますが、経済制裁が発動される以前の輸出量は日量220万バレルもあったのです。

イランのザンギャネ石油相は、「経済制裁が解除されれば、約半年で日量100万バレルの原油増産が可能である」と述べています。100万バレルといえば、アメリカ、中国に次いで、世界で3番目に多く石油を輸入している日本が1日に消費する量の2割強に相当します。

現状の生産設備でそれだけ余裕があるのですから、制裁解除で外資が入ってきて生産設備を更新したら、大幅な増産が可能になります。

イランは2020年までに原油生産量を日量500万バレルに引き上げる計画と伝えられます。そのためには海外への販路の確立と外国企業による巨額の投資が必要不可欠となりますが、アメリカとの和解が成功すれば、それも達成できるでしょう。

後述するように、経済制裁で未開拓のままになっていたイランというフロンティアに対して、欧州はもちろん、アメリカの石油メジャーから中国、韓国の石油企業までもが進出しようとしています。

埋蔵量そのものがアメリカの3倍以上と豊富で、しかもイランの場合はシェールオイルではなく生産コストが安い在来型の油田ですから、開発事業者にとってそれだけ利幅が大きいのです。最終的には、生産力をいまのアメリカと同等の日量900万~1000万バレルのレベルに引き上げることも十分可能でしょう。

シェール革命に続いて、アメリカとの和解でイランの増産と輸出が本格化すれば、石油の市況には、当然、大きな影響が出てきます。日量５００万バレル以上の水準に達するのは5年、10年先の話ですが、その頃には世界の石油市場では、一段と原油価格が下落しているでしょう。

◆原油価格が頭打ちになるメカニズム

それまでの過渡期と位置づけられる２０１５~20年という近い将来の需給を考えても、急激に原油価格が高騰することは考えられません。たとえイランの制裁解除による増産がなかったとしても、北米におけるシェールオイルの生産が、原油価格の調整弁として作用するからです。

アメリカでは原油の全生産量のうち、すでにシェールオイルが在来型油田をしのいで、60%を占めるまでになっています。

シェールオイルの生産コストは、少し前には平均では１バレル当たり60ドル程度と言われていました。２０１４年夏からの原油価格下落局面では、原油価格が２０１５年年初に1バレル50ドルを割り込み、多くのシェールオイル鉱区が採算割れに陥って、新規投資が縮小しています。米石油サービス大手のベーカー・ヒューズの報告によれば、シェールオイル掘削用のリグの数は２０１４年10月頃がピークで、２０１５年5月時点で稼働しているリグの数は６６０基と、ピーク時の４割にまで減ったとされます。現在の原油価格、１バレル60ドル前後で採算がとれない鉱区では採掘が中止されている状態なのです。

しかし、それでシェールオイルの生産が減ったわけではありません。

掘削リグの数が６割減となった現在も、アメリカでは日量９００～１０００万バレルと、過去最高水準に近い量の原油が生産され続けています。それはシェールオイル生産技術が向上した結果、１リグ当たりの原油生産量がかつての1・5倍以上に増えたからです。同時に生産コストも下がって、現在の原油価格で採算がとれる鉱区の数が増えてきています。

原油価格が1バレル60ドルを上回り始めると、採算がとれる鉱区が一段と多くなります。もともとシェールオイルの油井は、生産量の調整が容易とされ、アメリカだけで1日に25万バレルも増減可能という推計もあります。採掘企業は採掘の準備だけしておいて、原油価格が安い間は生産を休み、市況が回復してきたら、すぐにまた生産を再開するという機動的な生産体制を敷いているのです。

ですから、原油価格がある程度上向いたら、たちまちシェールオイルの増産が始まり、それが需給バランスを変えて、価格上昇はすぐ頭打ちになってしまうわけです。

そのような状況を繰り返しているうちに、シェールオイルの採掘技術は日進月歩で進んでいきます。数年後には、シェールオイルの生産コストが40ドル程度まで下がる可能性が高いでしょう。

◈石油メジャーもイランの復活を望んでいる

アメリカのシェールオイル業者にとっては、イランの原油増産は市況の悪化を意味します。その意味でイランへの経済制裁解除は、彼らにとって避けたい事態でしょう。しかし、アメリカ政府が自国のシェール産業を守るために、イランとの和解を先延ばしすることはありません。

第1に、第1章で述べたようにアメリカには、イランと和解すべき政治的な理由がありました（78ページ参照）。

第2に、アメリカでもすべての石油関連企業の利害がシェール企業と同じわけではありません。在来型の石油を扱っているオイルメジャーは、イランへの制裁解除をむしろ歓迎しています。制裁さえ解除されれば、自分たちもイランの油田開発に参加し、シェールオイルよりも低コストな在来型油田の開発を始められるからです。

メジャー自身も一部でシェール採掘に参入してはいますが、いまもシェール業界のごく一部のシェアを占めるにすぎません。シェール業界の大部分は、それまで実績のなかったベンチャーや中小企業で、既存の石油産業から見れば新参者です。

シェール企業が仕掛けているのは、既存の石油業界に対する挑戦であり、価格破壊です。メジャーにしてみれば、それまでの原油価格高騰で大儲けしていたのに、シェール革命のおかげで流れが逆転し、大減益になってしまったのですから、自分たちの思い通りにならないシェールオイル生産企業の大量出現は、うとましくてしかたがない事態なのです。

彼らには、もしイランで、自分たちの手で安いコストで石油が採掘できるようになれば、それを使ってシェール企業を叩きつぶし、買収してしまいたいという気持ちがあるはずです。その意味では、オイルメジャーのポジションは、むしろサウジアラビアなどと近いわけです。

サウジアラビアにとっても、コントロールの効かないシェールオイル企業が生産市場にあふれる状況よりも、交渉相手となる少数のメジャーが原油生産量のイニシアチブを握ってくれていたほうがありがたいはずです。

メジャーはやはり利益重視です。カルテルではないにしても、それに近い形で、価格が下がりすぎないよう、常に生産量をコントロールしています。メジャーが価格主導権を握っていれば、原油価格は安定的に推移するはずです。だからサウジアラビアとしても、いまの状態よりはメジャーに復活してもらうほうが望ましいわけです。

しかし、業界の巨人たちがどう動こうと、簡単に叩きつぶされないのがシェール企業です。一時より石油価格が安くなったとは言っても、1バレル60ドル程度であれば十分やっていけます。彼らはこれからも原油価格の高騰を抑える安全弁であり続けるでしょう。そして数年後には1バレル40ドルでも経営が成り立つようになるのです。

2 天然ガス確認埋蔵量・世界1位のイラン

◆これから原油価格が上がらない、もうひとつの理由

この先、原油価格が上がらないのには、もうひとつの理由があります。

それはイランが、確認埋蔵量世界1位の天然ガス大国でもあるということです。

エネルギー資源価格の動向は、原油なら原油だけ見ていてもわかりません。天然ガスや石炭なども含めて、トータルで見る必要があります。

というのも、エネルギー資源には互いに代替性があり、たとえば天然ガスが安くなれば、原油の代替用としてのガスの需要が高まるし、石炭価格が安くなれば、石油からの代替需要が新興国中心に高まるという性格を持っているからです。

火力発電をはじめとする新興国のエネルギー需要は、いまだに石炭中心で賄われていま す。ですから、石炭、天然ガス、原油のトータルのエネルギーの供給と需要を考えなければ、エネルギー資源の価格動向を見誤ることになります。

２０１４年以降の原油価格の下落では、最初にアメリカ国内でシェールガスが安くなり、それに引っ張られるようにしてエネルギー価格全体が下落していきました。シェールガスに続いてアメリカ国内の原油価格の指標であるＷＴＩの価格が下落し、それにつられて北海ブレントや中東ドバイ産原油の価格が下がっていったのです。並行してシェールオイルの生産が右肩上がりに増え、原油価格の下落に拍車をかけました。

原油価格低下により、石炭を含むエネルギー資源価格全体が下がり、さらに鉄鉱石などエネルギー以外の資源価格も落ちていきました。それがここ2〜3年の状況です。

エネルギーの供給力全体という観点から見たときのイランの重要性は、原油資源が多いというだけでなく、未開拓の天然ガス資源がそれ以上に大きいということです。

◆経済制裁の影響で天然ガスも輸出できなかった

世界の天然ガス確認埋蔵量ランキングでは、２０１２年に1位と2位が前年度から入れ替わっています。

それまで1位だったロシアの天然ガス確認埋蔵量は３２・９兆立方メートルで、２位に転落。代わって確認埋蔵量３３・６兆立方メートルのイランが、天然ガス埋蔵量で世界第1位の座についたのです。これは、世界全体の天然ガス確認埋蔵量１８７・３兆立方メートルのおよそ2割を占める規模です。

これだけの巨大な資源が世界にあまり大きなインパクトを与えていないのは、イランに天然ガスを輸出するのに必要なインフラが整っていないためです。

イランにはまだ国内に液化天然ガス（ＬＮＧ）施設がありません。イラン側は強く建設を希望していますが、制裁が大きな障害となっていました。現在の輸出先はパイプラインが通じている隣国のトルコ、アルメニアとアゼルバイジャンのみで、そのうち90％はトルコ向けとなっています。トルコから先へは、どこにもパイプラインは伸びていないのです。

この点が、ヨーロッパへの天然ガス供給源となっているロシアとの大きな違いです。

2014年にはイラン・イラク間を結ぶパイプラインが完成したとされますが、稼働しているのかどうかは確認されていません。オマーンとの間にもパイプラインの建設計画がありますが、こちらも遅延している模様です。

また2015年4月、制裁解除をにらんで、イランから隣国パキスタンへ天然ガスを送るパイプライン、通称「ピース・パイプライン」を建設することを、中国がパキスタン政府と合意したとされます。

実際に経済制裁が解除されれば、液化天然ガスプラントの建設も始まり、またトルコ経由でバルカン半島のギリシャや、地中海で隔てられたイタリアへとパイプラインを敷設し、欧州に直接ガスを供給する構想も動き始めるでしょう。

イラン政府では、日量ベースで約1億立方メートルとされる現行の天然ガス生産量を、2018年までに日量10億立方メートルまで増産する計画を持っています。

3 欧州エネルギー産業の思惑

◆イランへの投資に積極的な欧州企業

イランと国際社会の和解の動きを察知して、最初にイランに接近していったのは、ヨーロッパ系のエネルギー企業でした。

イランの言語であるペルシア語はインド・ヨーロッパ語族に属し、フランス語に近い語感があると言われます。人種的にもヨーロッパ人に近いため、欧州人はイラン人に親近感を持っています。

実際、イランの文化はフランスの影響が大きく、教育制度などはフランスから導入され、スイーツなどもフランス菓子が中心というほどです。

イランでは、1979年のイスラム革命で一時、外資が排除されましたが、1997年に就任したハタミ大統領が路線を変更し、以後は外資企業に参入の道が開かれるようになりました。

しかしこれに対し、アメリカは1996年に「2000万ドル以上のエネルギー関連投資を実施したアメリカ企業を制裁する」という内容の「イラン・リビア制裁法」を制定しました。エクソンモービルやシェブロンといった米系オイルメジャーは以後、イランに開発投資ができなくなってしまったのです。

1999年以後、EUとイランの貿易額は、アメリカ企業が身動きできない間に急速に伸びていき、2010年に経済制裁が発動されるまでは、アラブ首長国連邦や日本をしのぎ、イランにとって最大の貿易相手となっていました。

制裁前には欧州の需要増に伴う天然ガス田の開発が盛んで、とくにペルシア湾海底のガス田「サウス・パース」は世界最大級の埋蔵量を誇り、米系オイルメジャーが参入できない中、英蘭ロイヤル・ダッチ・シェル、仏トタル、ノルウェーのスタットオイルヒドロ、スペインのレプソル、イタリア炭化水素公社（ENI）などの欧州石油産業が積極的に開発に参入しようとしていました。

◆欧州各国がイランに接近する思惑とは？

ヨーロッパにはこれまで、ロシアからの天然ガス供給を巡って何度も脅かされてきた経緯があります。

２００６年には、ロシアからＥＵ諸国へパイプラインで送られる天然ガスが低下し、大騒ぎになりました。これはロシアとウクライナの間でガス価格改定の交渉が難航し、ロシアのガスプロム社がウクライナ向けのガス供給を停止したのが原因でした。

ウクライナ向けのガスは、ＥＵ向けと同じパイプラインで供給されており、ガスプロムは全体のガス供給量からウクライナ向けの30％を削減したのですが、ウクライナがそれを無視してそれまで通りガスを抜き取って使い続けたため、パイプラインの先のヨーロッパ向けのガスが不足することになったのです。

２００９年にも同じことが繰り返されました。ウクライナのガス料金滞納に対してガスプロムがウクライナ向けガスの供給を停止したため、ヨーロッパ諸国、とくにバルカン半島のブルガリア、ギリシャ、トルコ、マケドニアでガスが全面的に止まる事態となったのです。

2015年時点で、ヨーロッパはロシアに天然ガス供給のおよそ30%を依存しており、そのうち50%以上がウクライナ経由となっています。ヨーロッパ各国はこうした経験から、ロシアに代わる天然ガスの安定供給源を求めて、カスピ海に面する産油国アゼルバイジャンから、トルコ経由でパイプラインを敷設しようと計画してきました。

トルコはアゼルバイジャンだけでなく、隣接するイランからもパイプラインで天然ガスを輸入しています。そしてイランは、確認埋蔵量世界一の天然ガス大国です。

トルコからヨーロッパまで地中海経由でパイプラインを延伸すれば、イランからトルコまではすでにパイプラインでつながっているので、イラン産の天然ガスが使えます。そうなればロシアからの天然ガスに頼る必要はなくなります。これは対ロシアでエネルギー安全保障を考える欧州人の悲願なのです。

◆エネルギーだけでない、イラン経済の魅力はこんなにある

経済制裁前にイランにおける天然ガス田開発が活発であったのも、産出したガスを欧州

で消費するという前提があったからです。イランの天然ガスは、埋蔵量が多いだけでなく、採掘コストが低いことも大きな魅力です。

しかし、せっかく始まった天然ガスの開発事業も、前述のようにイランの核疑惑とそれに伴うEUの経済制裁発動によって、すべて中断を余儀なくされました。

こうした前史があるため、ヨーロッパのエネルギー企業は、大統領交代でイラン政府に核問題での和解の動きが出てくるや、開発再開をめざして真っ先にイランのビイジャン・ナムダール・ザンキャネ石油相らイラン政府の要人に接近していったのです。

2014年のウクライナ危機で、欧州諸国は「経済制裁への対抗措置として、ロシアがヨーロッパへの天然ガス供給を停止したらどうなるのか」と危機感を強め、イランのガス田開発に向ける視線はさらに熱いものになっています。イラン核協議が本格化した2014年以降は、米系メジャーも「イラン詣で」を始めています。

イランはトルコの7700万人をしのぎ、3000万人のサウジアラビアの2倍以上にあたる、約7800万人という中東一の人口大国であり、長年の経済鎖国で施設や機械類の老朽化が進んでいることもあって、消費市場としてもとても魅力的な存在です。

1人当たり国民所得こそ経済制裁で大きく低下し、現在は年間5000ドル程度ですが、制裁が解けて原油収入が増えれば、一気に購買力が増すはずです。

とくに有望なのは、外資排除政策のため、キューバ同様、クラシックカーが現役で走り続けている自動車産業です。フランスのルノー、ドイツのフォルクスワーゲン、イタリアのフィアットなどのヨーロッパの自動車メーカーは、経済制裁前からイランへの進出を計画していました。

もともと関係の深かったフランスでは、ルノーやプジョーシトロエングループ（ＰＳＡ）、エアバスなどからなる企業団が２０１４年にイランを訪問しています。

世界展開する米国企業にとっても制裁解除はイラン進出の好機であり、２０１４年にボーイングが、１９７９年のイラン革命後初めて、イランに航空機部品を輸出したのをはじめ、機械メーカーのＧＥがイランでの販売代理店を探したり、２０１５年にはアップルがイランの市場調査を行ったりもしているのです。

4 サウジアラビアの減産拒否のインパクト

◆石油価格下落を容認したサウジアラビアの思惑

原油価格が２０１４年前半まで１００ドル超の価格を保ち続けた背景には、「原油が供給過多になった場合でも、石油輸出国機構（ＯＰＥＣ）、とりわけサウジアラビアが減産して価格を防衛するだろう」という認識が、市場で広く共有されていたからです。

これまでサウジアラビアは、世界的な混乱を引き起こした１９７４年の第１次オイルショック、１９７９年の第２次オイルショックにおける、ＯＰＥＣによる段階的な原油価格の引き上げや、１９８０年代前半のＯＰＥＣの生産枠設定を主導していました。

ところが、アメリカの原油生産量が大幅に伸び、原油の供給過多が顕在化してきた

2014年12月、サウジアラビアは市場の予想に反して「減産しない」という方針を決定したのです。

サウジアラビアのアリ・ヌアイミ石油相は「原油価格が1バレル当たり20ドルになってもOPECは生産目標を維持する」と述べています。

2014年秋、原油価格が急落し始めて以降、OPECは生産目標を日量3000万バレルとしています。実際にはOPEC諸国では、サウジアラビアによる過去最高水準の生産やイラクの輸出増加、リビアの一部生産再開などを背景に、2015年4月に日量3104万バレルと、目標を上回る生産を続けています。目標超過は黙認されているかっこうです。

OPECだけでなく、アメリカ、サウジアラビアと並んで世界3大産油国の一角であるロシアも増産しています。その結果、米エネルギー省情報局（EIA）は「現在、世界の原油供給量は、需要を日量194万バレル上回っている」と推計しています。

サウジアラビアの決定の背景は、1980年代の苦い経験にあると見られています。

第2次オイルショック後、高い原油価格がインセンティブとなり、1980年代前半は北海油田など非OPEC諸国の生産が伸びていきました。その結果、1980年代半ばには原油市場は供給過剰に陥ります。

このとき原油の価格維持のため、ＯＰＥＣは減産戦略を採りました。サウジアラビアは需要動向に応じて生産量を調整する役割、いわゆる「スウィング・プロデューサー」役を担い、率先して大幅な減産を行って、ＯＰＥＣが定めた生産枠の範囲に全体が収まるよう、自国の原油生産量を上下させたのです。

ところが、非ＯＰＥＣ産油国がそれをいいことに増産に走ったため、サウジアラビアの思惑と違って原油価格は上昇には転じず、サウジアラビアの原油生産量は、１９８０年の日量１０２７万バレルから、１９８５年には同３６０万バレルまで低下してしまいます。ＯＰＥＣの生産シェアも１９８０年の41・３％から１９８５年には27・６％にまで低下し、ＯＰＥＣ加盟各国は、国家としての収入を大きく減少させたばかりか、世界の石油市場への影響力まで失うことになったのです。

２０１４年12月にサウジアラビアが減産を見送り、シェア維持の方針を採ったのは、こうした過去への反省に基づくものでした。

◆生産枠の崩壊でOPEC内の軋轢が増大

現在、世界の原油生産量ではサウジアラビア、ロシア、アメリカがほぼ肩を並べています。しかし、サウジアラビアが他の2カ国と明らかに異なるのは、2670億バレルという世界2位の確認埋蔵量を誇り、世界の余剰生産能力の大半を握っているという事実です。ロシアの確認埋蔵量は1032億バレル、アメリカは485億バレルであり、両国を合わせてもサウジアラビアの半分強にしかなりません。また、確認埋蔵量世界1位のベネズエラは産出する原油が重質油または超重質油であり、特定の製油所でしか処理できないという問題を抱えています。現状では、サウジアラビアのみが国際石油市場において唯一、戦略的な意図を持って原油価格のマーケットメーカーになることができる立場にあるのです。

とはいえ、OPECは決して一枚岩ではありません。原油価格が100ドル台を前提としていた時代から大きく下落し、産油国の財政が厳しさを増したことで、OPEC内部では、かつてないほど軋轢が深まってきています。

ＯＰＥＣ加盟国の財政が均衡する原油価格は、多くの国々で１バレル１００ドルを上回っており、現状の50ドル強の水準とは大きな乖離があります。サウジアラビアがもし減産すれば、原油価格は、１バレル１００ドル台は無理としても、80～90ドル台に戻ることはありうるでしょう。財政に余裕がない加盟国では減産を望んでいますが、サウジアラビアが減産を許さないので、不満は高まるばかりです。

アメリカでシェールオイル生産用の掘削リグの稼働数が減ったといっても、より生産量の大きい中東で油井の稼働数が増加傾向にある限り、原油価格が１００ドルを目指すことはありえないわけです。

5 シェール企業は簡単には退出しない

◆サウジアラビアのシェール企業つぶし

原油価格が下がってもサウジアラビアが減産しない理由としては、もうひとつ「激増するシェールオイル採掘企業を市場から退出させる」という狙いがあります。

原油価格が低迷を続ければ、生産コストが高いシェールオイルは採算割れに陥り、採掘企業も生産を停止せざるをえなくなる。そして、強力な競争相手であるアメリカのシェールオイル企業をつぶすという目的を達成できれば、自らは市場シェアを失うことなく、原油価格は再び80～100ドルに上昇するだろうという読みがあるのです。

アメリカと中国の関係ではありませんが、特定の業界においても、覇権を持つ国や企業は、その覇権に挑戦しようとする競合相手を叩きつぶそうとする習性があります。今回のシェール革命によってサウジアラビアが減産しなかったのにも、合理的な判断よりも先にそうした感情的な反発があったように思われます。サウジアラビア政府関係者の発言に、「われわれの原油の覇権に挑戦するアメリカを叩かねばならない」という強い意思を感じるからです。

オイルショックで欧米メジャーから奪い取った石油業界における自分たちの覇権に、アメリカのシェール企業が挑戦してきている。外交上いくら親密だとしても、こと石油の覇権に関しては、アメリカに世界一の座を握られたくないという思いが、サウジアラビアの中にあるのでしょう。

サウジアラビアでは、「アラブの春」の民主化運動の影響が自国に及ぶのを恐れて、最低賃金の引き上げや失業給付の拡充、社会保障費の増額などの財政措置をとりました。その結果、財政支出が大きく膨らみ、かつて70ドル程度とされていた財政上の均衡点となる原油価格がどんどん上がっていったのです。

このサウジアラビアの財政均衡のための原油価格は、その後も続いた歳出規模の拡大によって、現在では90ドル程度まで上昇しているとも言われています。したがって、現在の価格水準では財政赤字は避けられません。

ただし、サウジアラビアは現時点で8000億～9000億ドル超の外貨準備高を持っているので、原油価格が50ドルを割り込んだ水準が続いたとしても、5～6年は十分に耐えられると見られています。

サウジアラビアの2015年予算は、歳出が8600億リヤル（約2292億ドル、28兆円相当）で、2014年予算に比べて微増となりましたが、原油安により歳入見通しは7150億リヤルと、前年比で16％も縮小し、差し引き1450億リヤル（約4・6兆円）の大幅な赤字予算となっています。サウジアラビアが赤字予算を組むのは4年ぶりのことで、赤字額としても過去最大です。

サウジアラビアのアル・アッサーフ財務相は、「原油価格が高騰した過去数年間の財政黒字による準備金が、余力をもたらした」として、赤字は準備金の取り崩しでまかない、ここ数年続けていた大規模な公共支出は見直さないことを明言しています。サウジアラビアには過去に蓄えた余裕があるからこそ、アメリカのシェール産業を叩きつぶすため、あえて消耗戦に突入していったわけです。

◆ OPECが減産をしても、原油価格はもう戻らない

「アメリカとサウジアラビアが結託して原油価格を暴落させ、ロシアとイランの弱体化を目指している」という陰謀論を唱える人々もいますが、それはプーチン政権が事実を歪めてつくりだした見解です。

確かにロシアにしてもイランにしても、サウジアラビアに比べ、原油価格の下落に対して財政上でも国内経済の面でも脆弱です。ロシアから見れば、OPECの生産維持方針のおかげで原油価格が大きく下がってしまった結果、自国の経済がガタガタになっているわけですから、サウジアラビアが腹立たしくてしかたがないでしょう。

さらにイランへの経済制裁が解けることで、今度はサウジアラビアがいくら減産したとしても、1バレル100ドルに達することはもうないでしょう。

イランはサウジアラビアやイラク、ベネズエラなどとともに、OPECの創設メンバーでもあります。イランが日量100万バレルもの増産を開始したときに、OPEC内でそれについてのコンセンサスがとれるかどうかは疑問です。ペルシア湾岸以外のOPECメ

ンバーは「イランの原油輸出量が増加した場合には、ＯＰＥＣは国別の生産枠を復活すべきだ」と主張し始めているのです。

しかし、イランで１００万バレル生産が増えたとき、その代わりにＯＰＥＣのどこかで生産を減らそうとしても、どの国も減らせないでしょう。私はＯＰＥＣは、おそらく一度は加盟国に対して生産枠でキャップをはめようとするけれども、最終的には、なし崩し的に、各国の超過生産を黙認することになると予想しています。

サウジアラビアは、原油価格が低迷している間に財務基盤の安定したオイルメジャーが経営体力をなくして身売りするシェール企業を買収し、再編していくことを望んでいるようです。中小のシェール企業が次々とメジャーに吸収されていけば、アメリカの原油価格の主導権は価格破壊を招く制御の効かない中小のシェール企業から、採算を重視するメジャーへと戻るはずだからです。

◆再編される石油業界、再編が進まないシェール企業

エネルギー産業の歴史をさかのぼると、石油業界では原油安のたびに再編が繰り返され

てきました。第2次世界大戦後から1970年代まで、石油の生産は、探鉱、採掘、輸送、精製、販売までの全段階を垂直統合で行う国際石油資本、いわゆるオイルメジャー7社が独占しており、これを「セブン・シスターズ」と呼びました。

その7社とは、アメリカ系のスタンダードオイル系列の3社（エッソ、モービル、ソーカル）とガルフオイル、テキサコ、そしてイギリス系のブリティッシュ・ペトロリアム（BP）、オランダ・イギリス系のロイヤル・ダッチ・シェルです。

1984年、第2次オイルショック後に高騰していた原油価格が下落すると、このうちソーカルとガルフオイルが合併してシェブロンになります。

1990年代後半には、1年で半額に落ちる急激な原油価格の下落の中で、エネルギー業界の大規模な再編が起きます。1998年8月に英BPがスタンダードオイル系のアモコを560億ドルで、12月にはエクソンがモービルを800億ドルでそれぞれ買収。2001年にはシェブロンがテキサコを買収し、それまでセブンシスターズと呼ばれた国際石油資本7社は、エクソンモービル、ロイヤル・ダッチ・シェル、BP、テキサコの4グループに再編されることになります。

今回の原油価格下落局面でも、たとえば2015年4月に英蘭系ロイヤル・ダッチ・

国際石油資本の再編

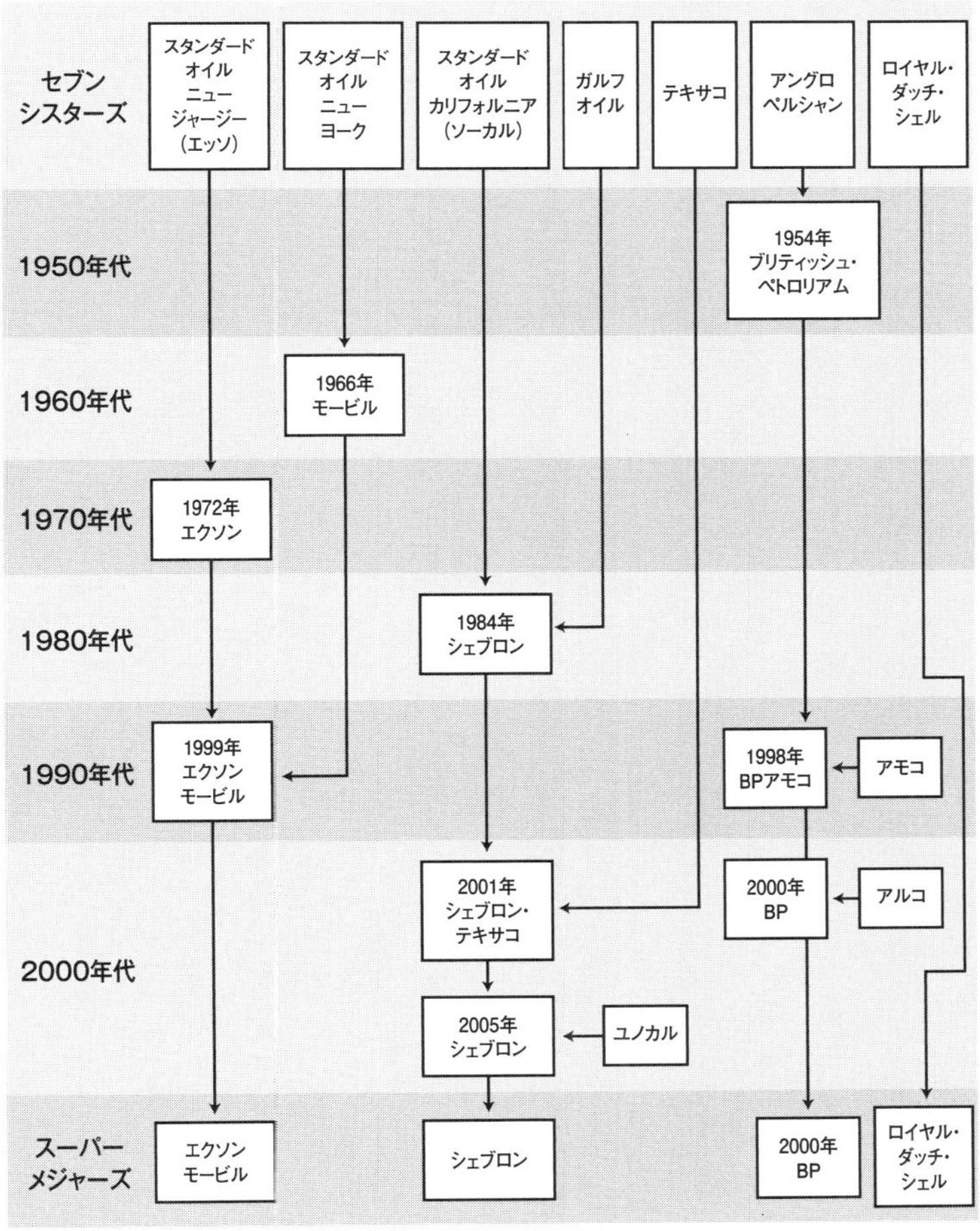

セブン
シスターズ
スタンダード
オイル
ニュー
ジャージー
（エッソ）
スタンダード
オイル
ニュー
ヨーク
スタンダード
オイル
カリフォルニア
（ソーカル）
ガルフ
オイル
テキサコ
アングロ
ペルシャン
ロイヤル・
ダッチ・
シェル
1950年代
1954年
ブリティッシュ・
ペトロリアム
1960年代
1966年
モービル
1970年代
1972年
エクソン
1980年代
1984年
シェブロン
1990年代
1999年
エクソン
モービル
1998年
BPアモコ
アモコ
2000年代
2001年
シェブロン・
テキサコ
2000年
BP
アルコ
2005年
シェブロン
ユノカル
スーパー
メジャーズ
エクソン
モービル
シェブロン
2000年
BP
ロイヤル・
ダッチ・
シェル

シェルが700億ドル（約8兆4000億円）前後で英系BGグループを買収することで合意していますし、シェール業界でも一部には倒産に追い込まれる採掘企業が出ています。2015年1月にはシェールオイル開発企業WBHエナジーが経営破綻し、ノースダコタで最大のシェール開発企業ホワイティング・ペトロリアムやテキサスの同業者ペン・バージニアなども身売りを検討中と伝えられます。

しかし、シェール企業の株価が原油価格ほど大きくは下げていないこともあって、原油安に伴う再編はまだそれほど活発化してはいません。

企業の買収仲介を業とするケルナー・キャピタルM&A担当マネジャーは、「落ちるナイフをつかみたい者はいない」と指摘しています。これは「現時点の原油価格でシェール企業の価値を設定して、後になって原油価格が大きく下落したら、買収企業は大損をすることになる。そんな危険はみんな避けたいと思っている」という意味です。2010年にエクソンモービルが410億ドルでシェールガス大手のXTOエナジーを買収した後、天然ガス価格が急落して巨額の損失を被った例もあり、オイルメジャーも慎重にならざるをえなくなっています。

◆大手シェール企業による再編がメインになる

アメリカのシェール採掘企業は小回りの効くベンチャータイプが多く、原油価格の動向に応じて柔軟に生産量を調整しています。原油価格が60ドルを上回ってくれば、すぐに生産量を増やすでしょう。サウジアラビアが意図しているようには、なかなか減っていかないはずです。

そうこうしているうちにも、シェール企業の技術革新は進み、採算ラインは日進月歩で下がっていきます。すでにシェールオイルの産出量が最も多いバッケン地方では、大半の油井が40ドルを下回っており、30ドルを下回っている油井も少なくありません。生産コストが下がれば、シェール企業の駆逐はさらに難しくなります。

もちろんシェールオイル業界も、いつまでも大量の中小企業の集合体であり続けるとは思えません。

19世紀のアメリカ石油産業の黎明期、業界はいまのシェール業界と同じく、大量のベンチャー企業の寄り合い所帯でした。その中で1862年に石油業界に参入してきたジョン・

D・ロックフェラーのスタンダードオイルが、買収を繰り返し、アメリカ石油産業で独占的な地位を築きます。

スタンダードオイルがあまりに巨大化し、独占状態を利用して巨額の利益をほしいままにするようになったため、1911年にアメリカ最高裁がその分割を命じ、スタンダードオイルは34社に分割されることになりました。

今後、シェール産業においても合従連衡が進むことは間違いないでしょう。ただ方向性としては、2015年5月に米シェール大手ノーブル・エナジーが同業のロゼッタ・リソーシズを21億ドル（約2500億円）で買収すると発表したように、シェール企業によるシェール企業の買収という形が中心になるのではないかと読んでいます。

その傾向が変わらない限り、オイルの安売り合戦は続き、メジャーはこの分野に手を出しづらくなるでしょう。

6 石油の覇権を握る国はどこか

◆3大産油国の一角が崩れる

オイルメジャーのＢＰの推計によれば、２０１４年にアメリカの原油生産量がサウジアラビアを抜いて世界一となりました。

当面、産油国の中での生産量の順位の変動を考えると、あと２〜３年はアメリカとサウジアラビアとロシアという、現在の３大産油国がシェアを分かち合う形が続くとみてよいでしょう。

問題はその後です。私は、やがてロシアが脱落して、原油業界の覇権争いはサウジアラビアとアメリカの二強に絞られ、それからしばらくその状態が続くと予想しています。

ロシアは、財政的な必要性から、自国の優良な鉱区についてはすでにかなり開発を進めています。冷戦時代を含め、確認埋蔵量に比べてかなりの量を生産してきたので、今後は生産量が下がり、生産コストも高くなっていく可能性が高いでしょう。

シェールオイルの生産性はこれから一段と上がっていくと見られるので、その意味でロシアよりアメリカのほうが余裕があります。サウジアラビアは、現時点での余剰生産力も高く、長い目で見ても確認埋蔵量が多いので、当分、世界トップクラスの産油国であり続けることは間違いありません。

しばらくは石油業界の覇権は、アメリカとサウジアラビアが分かち合う形になるのではないでしょうか。

ただし、イランが国際社会に復帰して原油増産に向かえば、立場上困るのはOPECを主導するサウジアラビアです。

アメリカは、ほかの産油国のように、石油からの収入が国家財政の中心になってはいません。むしろ国家全体の利益という視点で考えているので、原油価格についてはあまり気にしていません。

原油価格が下落することでシェール企業やオイルメジャーの収益が落ちたとしても、そのおかげで製造業が復活できれば、むしろ国力にはプラスと考えています。

◆判断を誤ったサウジアラビア

私の目には、サウジアラビアは戦略上、大きな間違いを冒しているように思われます。先進国では今後、エネルギーの消費量は減っていくでしょう。

アメリカでもこれから車の燃費規制が始まります。大食らいと言われたアメリカ車も、今後はあまりガソリンを消費しなくなるはずです。日本でもハイブリッドカーの比率が着実に増えています。欧州も新型のディーゼルエンジンを使って、燃費を上げようと懸命です。日本でもヨーロッパでもこれから高齢化と人口の減少が進んでいきます。車の需要自体も増えないのです。アメリカも、移民で人口は増えるとしても、ベビーブーマーの世代が引退して、高齢化は進みます。

これからの先進国では、自動車関係に必要な石油の量が増えていくことはありません。そうした流れを考えても、エネルギー価格が低下に向かうことは明らかでしょう。

私は今後、中東で大戦争、たとえばイスラエルとアラブ諸国が戦うようなことでも起こらない限りは、原油価格が1バレル100ドルを超えることはもちろん、80ドル、90ドルといった水準に達することも、なかなか起きないだろうと見ています。

その意味で、サウジアラビアの目論見は、もう失敗していると言っていいのです。今後も事態が彼らの想定どおりに動くことはないでしょう。

◆石油価格の下落は、産油大国再生の最後のチャンス

中東最大の産油国であるサウジアラビアでは、国家収入の90%、輸出額全体の85%を原油および石油関連製品が占めています。いかに余裕があると言っても、原油価格の低迷が続けば、いつまでも財政の大盤振る舞いをできないことはわかっています。

ガソリン、軽油など石油製品から、電気、ガス、水道など公共料金への政府補助、医療費や教育費の国家負担など、財政の大盤振る舞いは多くの産油国に共通する問題です。サウジアラビア以上に経済の石油への依存度が高いクウェートやオマーンも、先送りしてきた補助金削減の実行を検討しています。

サウジアラビアの苦悩は、若年層の人口が増え続ける中で、雇用が思うように生み出せ

ないということです。サウジアラビアは原油収入により豊かなあまり、若者が職に就かなくとも問題なく生活できてしまう環境にあります。それは一方では、石油産業以外の産業が育っていないため、働こうと思っても働き口がないということを意味しています。いわゆる「資源の呪い」と呼ばれる状態です。

いまのような国民への補助は、いずれ限界がきます。「サウジアラビアでは人口が年2％超のペースで増えているために、2030年までに人口は3500万人から4000万人まで増加し、国内需要の増加から原油輸出国ではなくなるかもしれない」という見方もあるくらいなのです。石油産業のみに依存することなく、産業の多角化と雇用の創出を図らなければならない局面に来ているわけです。

しかしいまのところ、石油以外の輸出は少なく、生産性も国が計画したとおりには伸びていません。

その意味では、今回の原油価格の下落も、むしろサウジアラビアの将来を考えれば、いい方向に作用する可能性もあります。

1990年代後半に原油価格が低迷した際、中東産油国は産業の多角化のための改革を相次いで打ち出しました。ところが、2000年代以降の原油価格高騰により、潤沢な原油収入が入るようになると、改革の動きがぱったりと止まってしまいました。

歴史は繰り返すと言います。中東産油国にとって今回の原油安は、経済構造の改革を強力に推進するきっかけになるかもしれません。もしそれができなければ、これらの国々はやがて世界経済のメイン舞台から消えていくことになるでしょう。

7 世界経済の地殻変動が起こる

◆エネルギー消費国に有利に働くようになる

原油、天然ガスというエネルギーの価格が長期低迷に陥ると、それに引きずられて石炭価格も下がってきます。これについては、エネルギー消費国である先進国や、非資源国の新興国・途上国にプラスの面が大きくなります。

日本は環境保全の関係から、石炭火力発電所の増設には否定的です。2015年6月にも、山口県宇部市の大型石炭火力発電所の建設計画に対して、望月義夫環境相が「このまま石炭火力発電所の増設を続けると、2030年時点の望ましい電源構成と温暖化ガスの削減目標が守れず、現段階においては是認しがたい」とする環境影響評価（アセスメント）

法に基づく意見書を、宮沢洋一経済産業相に提出しました。

しかし、新興国ではそんなことは言っていられません。新興国、途上国では先進国と違って、熱量あたりのコストが化石燃料の中で最も安い石炭が、まだまだメインのエネルギー源なのです。貧しい国々では、自国の経済成長と発電コストのほうが、地球環境よりも重要です。たとえばインド政府は2015年4月、2020年までに石炭生産量を年15億トンと、現在の2倍に増やす計画を発表しています。インドは総電力発電量の約7割を石炭火力発電に依存しており、急増する電力需要に石炭の増産で対応する計画です。

インドに限らず、どこの途上国も同じ状況ですから、温暖化防止のために石炭の生産が減るとか、石炭火力発電所が減るといったことを考える必要はまったくありません。

有望な資源がなく、工業化が唯一の豊かになる手段という国々では、世界的なエネルギー価格の低下により、経済成長の加速が見込めるようになります。

◆インフレ率ゼロの世界が、人々の生活水準を引き上げる

エネルギー価格の低下は、それ以外のあらゆる物資の生産コストを下げることになりま

す。それにより、世界的なデフレ、もしくはディスインフレの傾向が生まれるでしょう。

たとえば、鉄鉱石を採るのに巨大な建設機械が使われますが、その動力は軽油で元を辿れば原油です。採掘した鉱石を流通経路に載せるときも、トラックや鉄道、貨物船によって、やはりエネルギーを使って運ぶわけです。

そもそも原油にしても石炭にしても、やはり採掘して輸送するにあたってはエネルギーが必要になります。エネルギー価格が安くなると、エネルギー資源の販売価格もその分、安くなるのです。

鉱物資源も同じで、原油価格が下がると、生産コストも下がっていきます。原油、天然ガス、石炭価格が低迷すれば、それを追って鉄鉱石、銅、アルミニウム、亜鉛、ニッケル、さらに金などの貴金属の価格も下がってくるのです。

農作物にしても、耕作にトラクターを使っていたり、ビニールハウスで温室栽培をしていれば燃料費がかかります。アメリカやオーストラリアではヘリコプターで肥料や除草剤を撒いています。農作物の生産コストも、人件費以外はほとんどがエネルギー費なのです。

だから、エネルギー価格が下がってくると、食糧価格も下がってきます。穀物だけでなく畜産物、牛や鶏や乳製品の価格も下がってきます。

おそらく、これからのエネルギー価格の長期的な低迷によって、先進国ではインフレは過去の遺物になってくるでしょう。日本、北米、欧州の先進国では、10年以内にインフレ率ゼロがノーマルになるのではないでしょうか。

すでにイギリスなどは、2015年の物価上昇率の予想がゼロ近辺となっています。そのわりに経済的には、2014年の経済成長率が2・5%、2015年の予想はさらに高く2・7%と、欧州の中では非常に好調です。デフレで不況になるのだったら、イギリスこそ不況になっているはずですが、現実にはそうはなっていません。逆に、生活物資の価格が落ち着いて経済が成長しているという、ある意味で理想的な姿になっています。

今後は世界各地で同じような現象が見られるようになるでしょう。エネルギー価格の低下がもたらすインフレ率ゼロの世界が、人々の生活水準を引き上げていくのです。

◆途上国・新興国の成長率は見込めなくなる

エネルギー価格の低下で心配なのは、先進国ではなく新興資源国です。

2015年7月、IMFは世界各国の2015年の経済成長率の予測を発表しました。

それによれば「先進国は成長が加速する一方、新興国は減速する」として、世界全体の成長見通しを3・3%としています。これは2014年の実績3・4%を下回る数字です。

さらに2016年については、2014~2015年を上回る3・8%としています。

一方、世界銀行も2015年6月、半期に一度の世界経済の見通しを発表しており、そこでは2015年の世界全体の経済成長率を2・8%として、1月の前回予想3・0%から引き下げています。こちらはアメリカ経済の冬場の落ち込みや、新興国の減速などを大きく見たようです。

両者に共通するのは、これから成長が見込まれる途上国あるいは新興国に入る国々の成長率が伸び悩み、世界経済全体の成長率を押し下げると見ている点です。

エネルギー価格の低下により、世界全体のインフレ率が大きく下がってくるので、必然的に成長率に対しても下げ圧力が働いてきます。私は世界経済の成長率は、長期的には2%台を割るようになると見ています。

経済成長率が下がると、株価も伸び悩むようになります。「世の中はインフレだから、インフレに強い株を買う」という、欧米の過去の経験則は、今後は成り立たなくなってくるでしょう。

第3章

新たな世界覇権争いが始まった

1 ロシア経済の凋落とプーチン政権崩壊の危機

◆資源価格頼みのロシア経済の失速

エネルギー価格が長期低落傾向に入ったとき、影響を受けるのはどこでしょうか。これはまずロシア、次に中東です。中でもエネルギー価格低下の影響が最も深刻なのがロシアです。

2015年現在、前年に起きたクリミア併合問題（ウクライナ危機）をめぐって西欧、アメリカとロシアが対立し、ロシアは共産党国家である中国に接近。その政治的状況から「新冷戦」とも呼ばれる状況になっています。

かつての冷戦は世界を二分し、途中まで勝敗がわかりませんでした。日本で言えば、天下分け目の「関ヶ原の戦い」のようなものです。最終的にはロシアが経済的に疲弊し、自滅する形で終わりました。

しかし今回の新冷戦では、かつての冷戦と違い、アメリカがその気になれば、いつでもプーチン政権を打倒できる立場です。日本で言えば、天下の大勢が決した後の「大坂夏の陣」のようなものだと言えます。

ロシアは、原油、天然ガスの生産量でともに世界1位、2位を争う資源大国で、GDPの約3割、輸出の約7割を石油・ガス産業が稼ぎ出しています。

ロシア政府が得たエネルギー収入は、公務員の給与や年金などの形で国民に移転されています。シェール革命によって資源価格が大きく下落することになれば、ロシアでは国家財政が大きな打撃を受けるだけでなく、経済成長に強い押し下げ圧力がかかることになるのです。

過去の実績を見てもロシアでは、原油や天然ガスの輸出価格が上昇しているときはGDPが増え、下落したときはGDPも減少または伸びが止まる傾向があります。

現実にはどうでしょうか。

2015年1月、国際通貨基金（IMF）は、ロシアの2015年の実質経済成長率を

ロシア経済はエネルギー価格と連動している

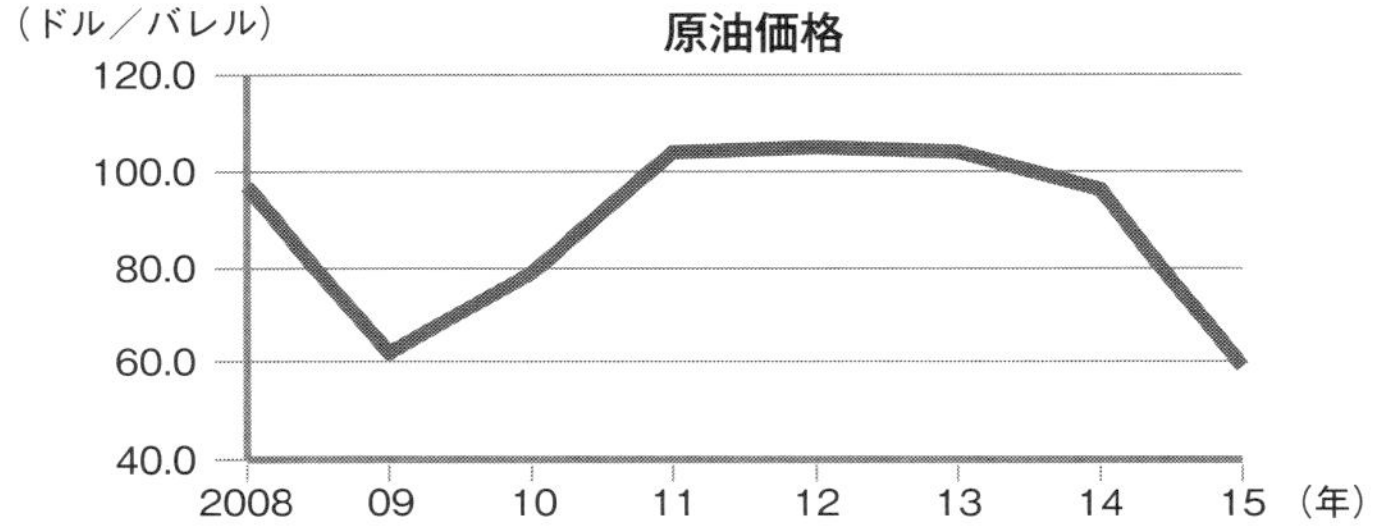

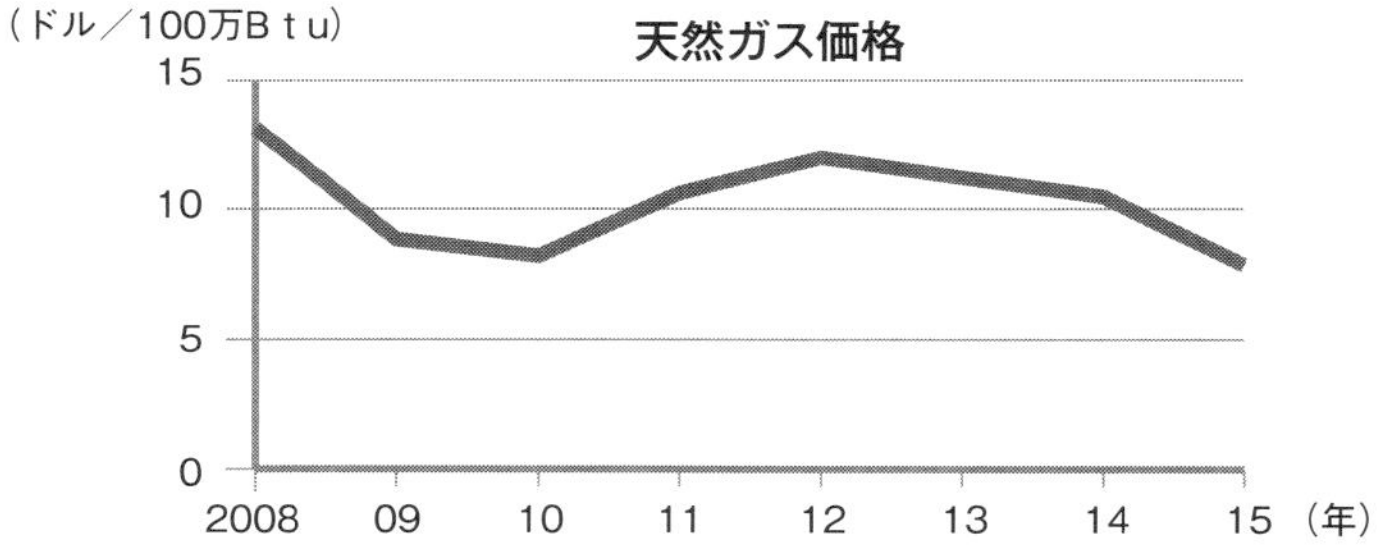

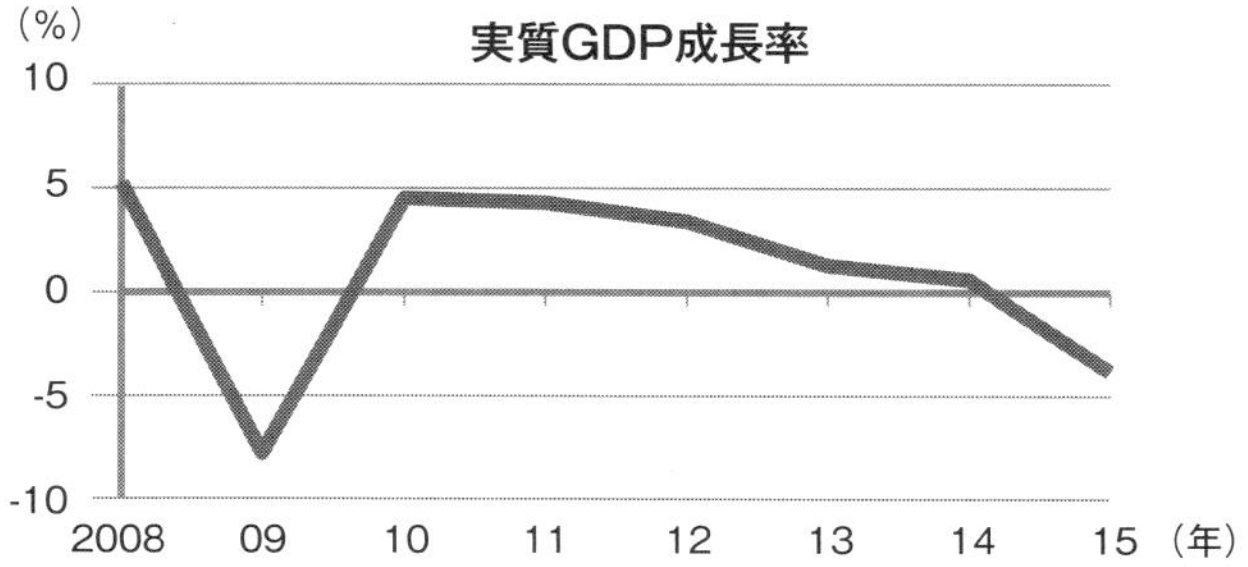

（出所）IMF

マイナス3％と予想しています。エネルギー価格の下落によって、ロシアは経済的に大きなダメージを受けているのです。

もともとロシアの原油生産コストは、サウジアラビアなどとほぼ同等の1バレル当たり4ドル程度と見られており、ロシア石油企業自体は原油価格の低下に対しては耐性があるとされています。

原油価格の低下傾向に対して、ロシアでは生産量の拡大で対応しており、2014年のロシアの石油生産は過去最高の水準となりました。こうした増産によって、2012年から2014年にかけては、ロシアの石油輸出収入は増加傾向を維持しています。2012年には前年より8％減少した天然ガス輸出額も、2013年には回復が見られました。

ただし、2014年まで増産で輸出収入を維持したといっても、2014年の原油価格は通年で1バレル93ドルもありました。しかし2015年には通年で1バレル60ドル前後にまで下がることは確実です。この急激な原油価格低下の影響はむろん深刻で、ロシア中銀は2014年12月に、「原油価格が1バレル60ドルで推移した場合、ロシア経済は2015年にマイナス4・6％、2016年はマイナス1・0％と連続でマイナス成長に陥る」との見通しを発表しています。実際の原油価格は、ＯＰＥＣの生産維持が続けば60ドルを確実に下回るでしょうから、ロシア経済のマイナス成長の幅もより大きくなるはずです。

２０００年から続くプーチン政権は、ロシア経済に繁栄をもたらしたことで国民から支持を受けてきました。その経済の繁栄の最大かつ唯一の要因は、原油と天然ガスというエネルギー資源価格の高騰にあります。つまり露骨なメディア規制や野党弾圧など、民主化とは逆行する強権政治を行ってきたプーチンがそれでも国民に支持されてきたのは、ひとえに「原油価格が高かったから」と言えるのです。

◆ロシアの命綱は欧州へのパイプライン

ロシア経済の失速については、エネルギー価格の低下と並んで、２０１４年3月のロシアによるクリミア半島編入、いわゆるウクライナ危機に起因する、欧米諸国による経済制裁も影響しています。

クリミア半島編入という、国際社会の秩序を無視した力による領土拡張路線により、プーチン政権はロシア国民の目を外に逸らすことに成功し、一時的にせよ支持率を大きく高めたのです。

ただし、この事件によって、ロシアは欧米や日本から経済制裁を受けることになり、経済についてはー段と苦境に陥ることは確実です。ロシア、そしてプーチン政権にとって、問題はこの後でしょう。

２０１４年に支持率が上がったのも、その時点ではまだそれほど経済が悪くなかったという要因が大きくありました。

２０１５年に予想されるマイナス成長は、過去11年に及ぶプーチン大統領の在任中、初の事態です。歳入不足を穴埋めするための石油収入を積み立てた政府の準備基金は、２０１５年初めの時点では約5兆ルーブル（約10兆円）と伝えられましたが、２０１６年末までにほぼ払底するものと見られます。インフレ率は２０１４年通年で11・４％に達し、２０１５年に入ってさらに上昇しており、実質平均賃金は落ち込んでいます。

今後、経済的にさらに追い込まれるにつれ、国民の不満は高まっていくでしょう。つまりプーチン政権の基盤が弱くなるということです。

プーチン政権にとっての命綱のひとつが、パイプラインによるヨーロッパへの天然ガスの輸出です。

ヨーロッパへのパイプラインによる天然ガスの供給は、1967年のチェコ・スロバキア、1968年のオーストリアを皮切りに、1970年代には西ドイツ、フランス、イタリアなど、当時冷戦中であった西側諸国に対しても始まっています。

1980年代にはロシアの天然ガスの全輸出に占める西欧諸国向けの割合は70%以上に達していました。この天然ガスの供給は冷戦時代を通じて継続され、ソ連崩壊時代においても変わることなく続けられています。その信頼性が高かったことから、ヨーロッパでは徐々にロシア産天然ガスへの依存が進み、2000年代に入ると、天然ガス全体の供給量の36%を占めるまでになり、北アフリカやノルウェーをしのいで、産地別で圧倒的なトップとなっています。

1980年代のレーガン政権時代、アメリカはヨーロッパ諸国のこのようなソ連依存に強い懸念を表明し、対ソ連経済制裁の一環として、ソ連からの天然ガスの輸入を禁止すべく働きかけました。

しかしヨーロッパ側は同調せず、結局、輸入量を若干減らしてヨーロッパの全消費量の30%に留めることで妥協したという経緯があります。

このロシアからの天然ガス供給の信頼性に初めて疑問を投げかけたのが、先にも触れた、

2006年、2008年の供給ストップだったわけです。

この事件は改めて欧州諸国に、エネルギーの安全保障の重要性を意識させることになり、今回のウクライナ危機でも、「ロシアが欧州の経済制裁に対して、ガス供給停止で報復するのではないか」という不安が口にされるようになりました。

実際には、供給停止によりヨーロッパから自動的に入ってくる天然ガス代金を失うことは、プーチン政権にとって自殺行為と言えます。冷戦時代にもソ連崩壊時にもガスの供給が途切れなかったのも、それがロシアにとって、タンカーによる原油の輸出と並ぶ貴重な外貨収入源だったからです。逆にヨーロッパ諸国も、アメリカからいくらロシアを制裁しろと言われても、国民の生存にもかかわる天然ガスの輸入だけは止められなかったのです。

しかし、将来的にイランからヨーロッパへ天然ガスのパイプラインが敷かれれば、ヨーロッパにも有望な選択肢が生まれ、ロシアへの制裁の一環として天然ガスの受け入れを拒否することも可能になります。ロシアはこの構想をなんとか頓挫させたいと思っているはずですが、ヨーロッパがエネルギー安全保障を意識するようになったのも、ロシアの身から出た錆であるからしかたがないことです。

ここでさらにイランが国際社会に復帰し、原油を増産して、さらなる価格下落を招いたり、ヨーロッパとイランをつなぐ天然ガスのパイプラインが建設されてロシアの天然ガス輸出先が失われるようなことが起きれば、おそらくロシアは経済的に耐えられなくなるでしょう。

◆国際紛争を引き起こそうとするロシアの思惑

最近のロシアの行動を見ていると、あえて平和を望む世界の流れに逆らい、エネルギー価格高騰につながる地政学的事件を引き起こそうとしているように思われます。

2015年4月から5月にかけてアメリカ・ニューヨークの国連本部で行われた、核兵器不拡散条約（NPT）の再検討会議でも、ロシアは冷戦終結以降に進められていた核軍縮の流れを無視して、核兵器削減の確約を拒否しました。

核兵器不拡散条約は、核兵器の拡散防止と核の平和利用を目的として1970年に発効したもので、5年ごとに実行状況が確認されています。

今回の再検討会議では、議論の結果をまとめた最終文書を採択できず、会議は決裂したまま終了となりました。直接の原因は、「中東を非核地域とする」という構想について、西欧諸国と中東諸国が対立したためとされますが、同じ席ではロシアも求められた核兵器削減要求を無視したのです。

プーチン大統領はロシア国営テレビ局が放映したドキュメンタリー番組の中で、「クリミア半島編入の際、必要があれば核兵器部隊に戦闘態勢を取らせる用意があった」と述べています。

アメリカ国務省は2015年1月「わが国が大陸間弾道ミサイル（ICBM）などに配備された戦略核弾頭の数を、1年前の1688発から1642発へと減らす一方、ロシアは1400発から1643発と、2割近くも増やしている」という調査結果を発表しています。ロシア政府は2015年3月、戦車や戦闘機など重火器の保有数を定める「欧州通常戦力（CFE）条約」からの離脱を宣言し、「中距離核戦力（INF）廃棄条約」に違反する形で新型ミサイルの開発を続けているとされます。

ロシアは2007年、イランから8億ドルでミサイルS300を受注したものの、対イラン制裁中であり、アメリカとイスラエルが強く反対したため、当時のメドベージェフ大統領が契約を履行しなかったという経緯があります。ところが2015年に入ってから、プーチン大統領が、一度は止めたイランへのミサイル輸出を再開する命令にサインしたりしています。

これはもうアメリカとサウジアラビアへのあてつけと言うしかありません。シーア派の大国イランにミサイルを持たせて、スンニ派のサウジアラビア、そしてイスラエルあたりを刺激したいと思っているのです。イスラエルがイランを空爆でもしてくれたら大喜びで、むしろ中東で大きな戦争が起こることを望んでいる節があります。

平和に背を向けてナショナリズムに走るロシアは、他の西欧諸国から見れば完全に異質な国に戻ってしまいました。

しかしこうした虚勢も、経済の弱体化の下ではいつまでも続けられません。

結局は新冷戦も、かつての冷戦と同じように、ロシアが経済的に疲弊することで終わることになるでしょう。

2 中国とロシアの地位が逆転した

◆中央アジアでもロシアの影響力は低下している

かつてはエネルギー供給の面から東欧諸国を支配していたロシアですが、いまは国家財政をエネルギー輸出に頼っているため、東欧に対しても資源を駆け引きに使う外交はできなくなっていきます。つまり、ロシアの強みがなくなり、東欧にとってもかつての怖さが薄れているということです。

ロシアの凋落を見越して、中央アジア諸国でもロシアから中国に鞍替えする国が続出しています。

2014年5月、ロシアは中央アジア地域の経済連携として「ユーラシア経済連合」を提唱し、2015年1月に発足させましたが、そこに参加したのはカザフスタン、キルギス、ベラルーシ、アルメニアの4カ国だけでした。

一方、同じ時期に中国主導で創設されたアジアインフラ投資銀行（AIIB）には、世界各地から57の国が創設メンバーへの参加を表明しました。その中にはかつてのソ連邦の一員である、カザフスタン、キルギス、タジキスタン、ウズベキスタン、アゼルバイジャン、ジョージア（グルジア）という中央アジア6カ国の姿もあります。

2014年9月、中国の習近平国家主席は訪問中だったカザフスタンで、中央アジア・南アジアに道路や鉄道、港湾、空港を建設し、東西を結ぶ一大経済圏を築くという「シルクロード構想」を発表し、「アジアにおけるインフラ整備を支援するために400億ドルのシルクロード基金を創設する」と表明しました。

世界的な資源価格の低下で、中央アジア諸国は国家収入の減少に見舞われています。トルクメニスタン、ウズベキスタンは天然ガスを産出し、カザフスタン、アゼルバイジャンも産油国ですが、いずれも2015年の経済成長率は0～3％程度に落ち込むと見られています。こうした中、中国からの経済援助は、中央アジア諸国にとってとても魅力的に映ります。

AIIBへの参加表明国マップ

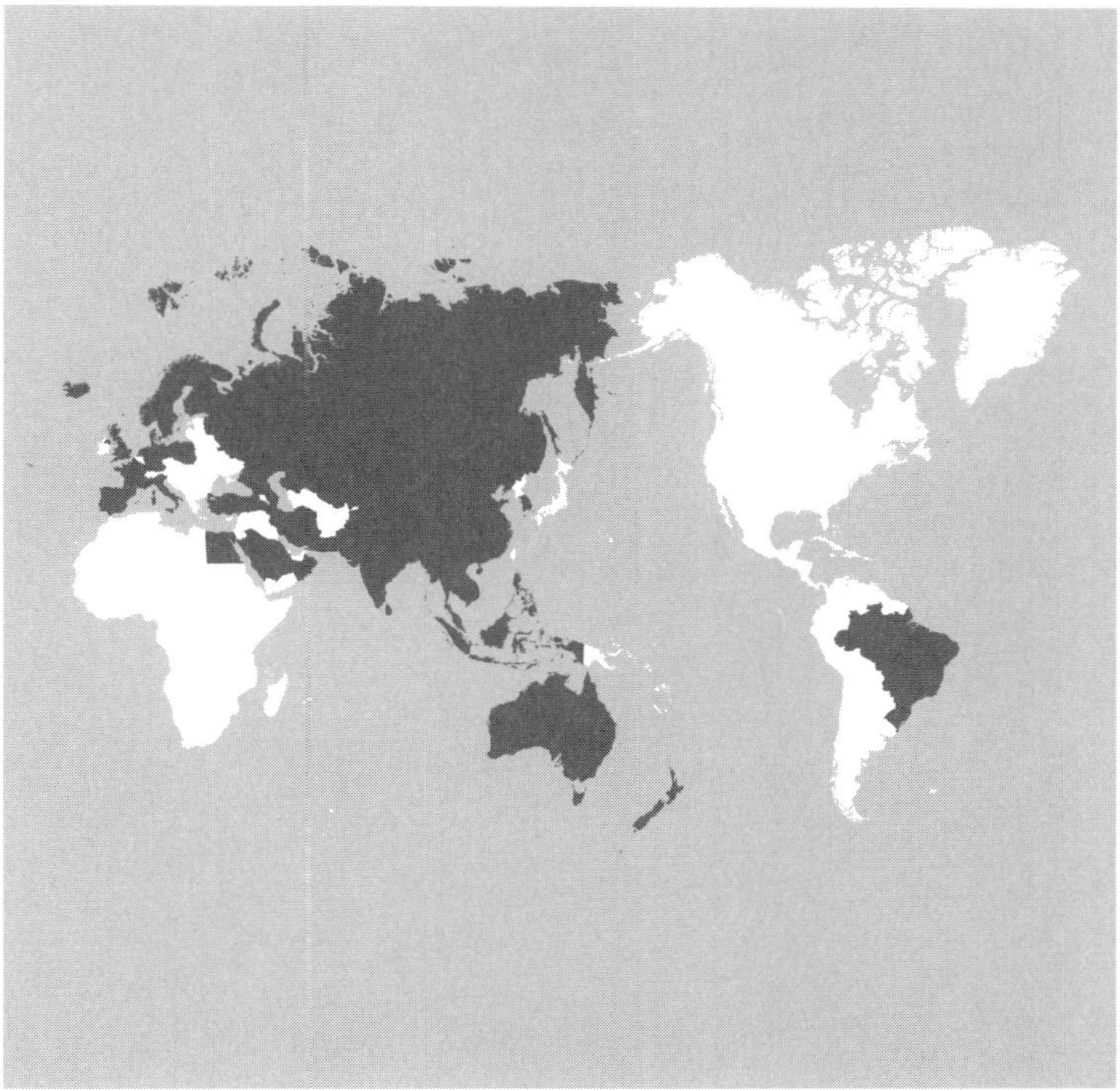

いま中国による囲い込みが始まっている!

カザフスタンは中国から230億ドル相当の経済協力の約束を取り付け、タジキスタンは中国から60億ドルの投資を受け、日本やアメリカから援助を受けているアゼルバイジャンでも、中国のシルクロード構想に支持を表明しています。

ロシアは冷戦崩壊後、東欧における支配力を喪失しましたが、中央アジアの国々からの支持も失いつつあるのです。

そのロシアとは反対に、中国のプレゼンスは上昇する一方です。

◆中国に格下扱いされているロシア

2001年6月、中国、ロシア、カザフスタン、キルギス、タジキスタン、ウズベキスタンの6カ国による「上海協力機構(SCO)」が創設されました。政治、経済、安全保障などで連携を図るのが目的です。上海協力機構ではテロ対策を謳い、加盟国による合同軍事演習などが行われていますが、実は中国は当初、この枠組での投資銀行の創設を提案していたのです。しかし、中国の影響力の拡大を懸念するロシアが難色を示し、却下されています。

それから13年後、２０１４年に中国がＡＩＩＢを提唱したときには、もはやロシアにそれをやめさせる力はありませんでした。それどころかロシアは、２０１５年になって自らＡＩＩＢへの参加を表明しています。

ロシアも内心では中国の存在感が大きくなることに穏やかではなかったでしょう。しかし、ウクライナ危機で経済制裁を受け、そんな心配をするどころではなくなったのです。以前は突っぱねた中国の構想に、いまはおとなしく従うようになったのは、ロシアの国力がそれだけ落ちている証拠です。

ウクライナ危機前の２０１３年12月、プーチン大統領は大統領教書演説の中で、「極東・シベリア地域の開発は21世紀全体を通じての国家的プロジェクトである」と述べ、ロシアの政治的・経済的重心をヨーロッパから極東地域に移し、ロシアをアジア太平洋国家として発展させる「東方シフト」政策を提言しました。

２０１４年１月、ロシア産天然ガスを中国に送るためのパイプラインが着工されると、着工式にはプーチン大統領自ら出席しました。プーチン大統領は２０１４年の1年だけで中国の習近平国家主席と４度も会談し、親密ぶりをアピールしています。ウクライナ危機以降、政治的にロシアを支援しているのは、弱小反米主義国を除けば、もはや中国しかありません。ロシアが経済的に生き残るには、中国にエネルギー資源を売っていくしかない。しかし、ほかに売り先がなければ当然、中国に値切られていくことになります。

プーチン大統領は決して認めないかもしれませんが、政治力および経済力の逆転によって、ロシアはすでに中国にとっても格下のパートナーになりつつあります。少なくとも習近平主席は、自分たちのライバルはアメリカだと思っており、ロシアはもう眼中にないのです。

◈ロシアにとっての希望の灯は日本

ロシアはこのまま中国に従っていくのでしょうか。誇り高いスラブ民族が有色人種の中国にこのまま格下扱いされて従っていくことに、プーチンもそうですが、ロシア国民が我慢できるのか、という疑問は残ります。多民族国家のロシアは、実は有色人種に対する差別の激しい国でもあるのです。

ロシアにとっての希望の灯のひとつは、日本です。

日本は天然ガス市場において、ヨーロッパに次ぐロシアの得意客であり、2013年には、サハリン島（樺太）のガス田であるサハリン1、サハリン2から、116億立法メートルの液化天然ガスを輸入しています。この量は、日本の年間の天然ガス輸入総量の10％程度とされます。日本から見た国別の輸入量のトップはオーストラリアの244億立法メートルで、ロシアは現状でその半分程度です。

ウクライナ危機後の2014年10月、ロシアのガスプロム社から日本政府に対し、現状の天然ガス輸入量を倍増させるパイプライン構想の打診がありました。

日本とサハリンの間にパイプラインを敷いて天然ガスを輸入する構想は古くから存在し、日本側ではそのための国策企業がつくられたことがあります。しかし、主な需要家とされた電力会社が積極的ではなく、あまり進展が見られませんでした。ところが、東日本大震災以降、原発の稼働停止が続き、発電用にヨーロッパ向けの2倍もの高値で大量の天然ガスを輸入せざるをえなかったことから、今回は電力会社も前向きとなっています。

計画では建設費6000億円を投じて、サハリンから関東まで1350キロに及ぶパイプラインを敷設し、天然ガスを最大の需要地である首都圏に直接送り込むことになっています。これが実現すれば、ロシアからの輸入量は200億立法メートル上積みされ、オーストラリアを抜いてロシアが日本の輸入先のトップになるでしょう。

問題は価格ですが、ＬＮＧと異なり液化工程を経ないため、現在の日本の天然ガス輸入価格を大きく下回ることが期待されています。ロシア側にとっては、輸出希望価格の半額しか提示しないと言われる中国への牽制として、この計画を使いたいという狙いがあります。

◆いつ倒れてもおかしくないプーチン政権

しかし、世界的にロシアへの経済制裁が行われている中で、このような計画が諸外国の了解を得られるのかわかりません。また、たとえ順調にパイプラインの建設が進んだとしても、実際にガスの供給が始まるのは最短で２０２０年頃です。イランへの制裁が解除され、その頃には一段と天然ガス価格の下落が進んでいるでしょう。

ですから、日本へのパイプライン計画が実現したとしても、ロシア経済の悪化は止めようがありません。ナショナリズムを煽って支持率を上げたとしても、国民生活が悪化すれば、強権的なプーチン政権は求心力を失うことになるでしょう。

ロシアにとって、選択肢は欧米と和解するか、原油や天然ガスを買ってくれる中国の格下のパートナーになるかの2つに1つしかありません。

そのどちらかになったとしても、原油価格が高騰していた時代の繁栄は取り戻せません。なぜなら原油価格が今後、1バレル100ドルを超えることはないからです。

プーチン政権はいまや完全な反米姿勢をあらわにしています。これは経済の悪化の中で、国内の求心力を高めるために、アメリカという敵をつくっているのにすぎません。しかしそれも、経済的な逼迫により、そう長くは続けられないでしょう。

プーチン政権はクリミア半島を編入した2014年5月に85％という高い支持率を記録していますが、ロシアのような独裁体制における政権支持率は、日本や欧米の民主主義国における支持率とは性質が異なります。

ロシアでは1917年に共産主義革命によってロマノフ王朝が倒れ、1991年にはソビエト連邦共産党が解散してソ連が消滅しましたが、いずれも倒れる少し前まで政権は盤石に見え、誰も崩壊など予測していなかったのです。

現在のプーチン政権も、公式には高い支持率を誇っていますが、誰も予想しないうちにあっけなく政権を追われる可能性は十分あると考えられます。

3 反米資源国は次々凋落する

◆原油価格の下落が、反米の中南米諸国を直撃

エネルギー価格の下落によって、ロシア以外の反米主義国家も力をなくしていくでしょう。

従来からの反米国家の代表であったキューバも、経済的困窮から、アメリカとの国交正常化に踏み切りました。中東の反米国家であったイラクやアフガニスタンは、政府がアメリカに武力で排除され、イランも和解に向かっています。

残った反米国家は、中南米の資源国しかありません。

中南米では2004年、アメリカが提案した自由貿易志向の米州自由貿易地域構想に対

抗し、キューバ、ベネズエラ、ボリビアなど8カ国が参加し、21世紀の社会主義の下に相互支援と協力を行うことをめざす「ボリバル同盟（ＡＬＢＡ）」が結成されています。

その中でもキューバ、ベネズエラ、ボリビア、ニカラグアの4カ国は、中南米における反米主義国家の代表格とされてきました。

１９９９年に就任したベネズエラのウゴ・チャベス大統領は、野党指導者を監禁するなど独裁体制を確立する一方で、経済制裁を受けていたキューバに自国産の石油を提供し、見返りにキューバから2万人もの医師・歯科医師の派遣を受けて、貧困層のための無料診療制度を創設しました。そのほかにも、農地を収用して小作農に分配する農地改革や、価格統制の実施など、社会主義的な政策を実施して、貧困層の圧倒的な支持を集めました。

それが可能だったのも、ベネズエラが世界一の原油埋蔵量を誇る中南米の石油大国であり、チャベス大統領就任後、その原油の価格が高騰していったからです。ベネズエラは１人あたりＧＤＰで中南米でトップクラスですが、それもやはり石油収入がもたらしたもので、輸出収入の8割が石油関連です。２００９年に海底に大型の天然ガスの鉱区まで発見され、２０１３年にはロシア国営石油・天然ガス開発大手ロスネフチがベネズエラ国営石油会社ＰＤＶＳＡとの間で、ベネズエラ沖の海底天然ガス田の開発契約に調印しました。

推定投資額は50億ドル、天然ガスの推定埋蔵量は21兆立方メートルにもなります。

一方、ボリビアでは２００６年にモラレス現大統領が反米を前面に掲げて当選し、２０１４年の大統領選挙でも約６割の得票率で圧勝しました。

中南米の反米政権は、経済の不振等で支持率が低下してくると、アメリカをやり玉にあげて国内の結束を高めようとする傾向があります。ボリビアでもそうした反米主義が国民に支持されているわけですが、現職大統領の圧勝の裏には、やはり近年のボリビア経済の好調があります。

もともとボリビアはスズ、鉛などの鉱山物資を産出し、鉱業が経済の中心でした。石油も産出しており、２００１年には世界最大規模の天然ガス田も発見され、２００６年１月に天然ガス事業が国有化されています。

この天然ガスの生産とブラジルやアルゼンチン向けの輸出開始、そして価格高騰による国庫収入の増加が、低所得者層への支援制度の拡充を可能にし、貧困層を中心とするモラレス大統領の高い支持率を生んだのです。

しかし原油価格の下落が、状況を一変させました。原油価格の高騰の恩恵で、２００６年から２０１３年までは社会福祉を拡充させつつ黒字を維持してきた財政も、２０１４年にはＧＤＰ比３％程度の赤字に転落し、２０１５年にはさらに同５％近くまで財政赤字が膨らむものと予想されています。

事情はベネズエラも同じです。

◆デフォルトの危機に陥っているベネズエラの実態

ベネズエラではチャベス大統領が２０１３年に死去し、チャベス政権で副大統領を務めたニコラス・マドゥロ氏がチャベスの後を継いで大統領に就任しました。政策もチャベス流の反米を踏襲していますが、原油価格の下落によって、高福祉政策が限界に達し、政府は財政危機に瀕しています。

ベネズエラの２０１４年のインフレ率は72％に達し、２０１５年には１００％を越えるものと予測されています。インフレに加え、ドル不足やアメリカの経済制裁による物不足などで、２０１４年以来、抗議のデモが頻発しており、警察と軍隊の弾圧的な取り締まりで多くの死者が出ています。アメリカはキューバとの和解を進める一方で、ベネズエラに対しては２０１５年３月、「人権弾圧に関与した」としてベネズエラの政府高官７人に入国禁止や米国内の資産凍結の制裁を科すなど、きびしい姿勢に出ています。

もっともこれに対してベネズエラ政府は、「すべての反政府デモは、政権を転覆させるためのアメリカの陰謀によるものだ」としています。

膨大な原油収入とエネルギー価格高騰にもかかわらず、ベネズエラでは2006年以降、財政収支の慢性的赤字が続いており、その額も2010年以降はGDP比10％を超えるレベルにまでなっています。原油価格の高騰局面ですらその状態ですから、原油価格が急降下した2014年以降の財政は悲惨な状態にあると推定されます。

ベネズエラ政府の外貨準備は2014年年末時点で224億ドル（約2兆7000億円）にまで減少しており、2015年7月現在、数年後には財政破綻でデフォルトに陥る可能性が高いと見られているのです。

◆ニカラグアは中国に急接近

もうひとつの反米国家、ニカラグアの状況はどうでしょうか。

ニカラグアでは2007年に、反米左派のサンディニスタ民族解放戦線（FSLN）のダニエル・オルテガ大統領が就任、２０１２年には再選も果たしました。再選時には60％を超える高得票率を記録しています。これを支えたのが、ニカラグアの貧困層です。

これといった資源のないニカラグアは、６００万人弱の人口のうち貧困率が45％とされ、ラテンアメリカのなかでも最貧困国のひとつでしたが、オルテガ大統領は産油国であるベネズエラ、ボリビアなどとの親交を深め、そこからの援助によって貧困対策を実施したのです。それが貧困層からの圧倒的な支持をもたらしました。

しかし、原油価格の下落とともに両国による援助の継続が困難となってきたことから、オルテガ政権は方針を転換し、今度は中国に接近していきます。

２０１３年6月、ニカラグア政府は香港に本社を置くニカラグア運河開発投資会社（ＨＫＮＤ）との間で、太平洋と大西洋を結ぶニカラグア運河の掘削計画の契約に調印しました。このＨＫＮＤとは、中国本土で信威通信産業集団を経営する実業家の王靖氏が２０１２年に設立した企業で、中国政府の肝いりと見られています。

ニカラグアはもともと台湾と国交があり、中国とは外交関係がないため、香港の民間企業が請け負う形となったようです。ＨＫＮＤはそれまで運河建設の実績はまったくありませんが、プロジェクトの資金として４００億ドル（4兆８０００億円）を集めたとして、

2014年12月にニカラグア運河の掘削工事に着工しました。

計画によれば、2019年に運河が完成すれば、隣接するパナマ運河では通行不能の巨大タンカーや大型コンテナ船が航行可能になります。ニカラグア政府は、この運河の建設で4万~5万人の雇用が創出されるほか、完成後は運河からの収益により、国内総生産（GDP）が2倍になると試算しています。

契約によれば、HKNDは運河の完成後、50年間の運営権を得ることになっており、さらに50年間の延長も可能とされています。その後はニカラグア政府に譲渡される予定ですが、反対派は「事実上、中国の租借地だ」と反発しています。これに対して中国政府は「プロジェクトはHKNDによる自主的な事業であり、中国政府とは無関係である」との見解を発表しています。

運河の完成には合計で1663平方キロの土地が必要になるとされ、土地の接収によって2万7000人が移住を強制されると見られています。土地を奪われることを懸念した農民たちによる運河工事への抗議活動が頻発していますが、ニカラグア政府とHKNDは工事を強行する構えです。

◆中南米で繰り広げられる米中覇権争い

ニカラグアに対してだけでなく、中国は近年、原油価格下落で資金源を失った中南米諸国への活発な援助外交を展開しています。

ニカラグアと同様に反米意識の強いアルゼンチンは、政府が財政破綻を繰り返したことで国際市場から事実上締め出されていますが、中国はダム建設などの開発プロジェクトについてアルゼンチンへの巨額融資を表明しました。今後はＡＩＩＢを通じて南米諸国へ開発融資を行っていくのではないかとも言われています。

反米を掲げたボリビアもベネズエラも、これまでは原油による多額の収入で政権を維持し、かつ反米路線の同盟国に多額の援助を行ってきました。それが両国の南米での存在感を高めてきたわけですが、原油価格下落でその継続は困難となっています。中国としては、この機を捉え、アメリカの裏庭と言われる中南米に友好国を増やしていく構えです。

南米の反米主義国では、従来、政治的にはフィデル・カストロのキューバがイニシアティブを取り、経済的にはチャベスのベネズエラが原油の安価な供給によって支えてきました。

キューバの対米和解に続いて、ベネズエラが経済的に破綻した場合、南米の反米主義国家は求心力を失い、中国の影響下に入る可能性は高いのです。

逆にアメリカによるキューバとの国交回復にも、中国の南米への浸透に対抗する狙いがあると見られます。

ベネズエラでは2013年にチャベス大統領が死去した後も、後継となったマドゥロ大統領がその路線を引き継ぎ、キューバに対して1日10万バレルもの原油輸出を続けてきました。ところが、そのキューバがアメリカとの和解に踏み出したことで、ベネズエラは梯子を外された格好になっています。キューバとアメリカの国交回復後、ボリビアもアメリカとの外交関係の正常化に向け、高官レベル協議を始めたことを明らかにしています。

反米からアメリカとの和解に転じたキューバでは、国民は「経済制裁の解除と海外からの投資の拡大により、国民の生活が向上する」という明るい未来を予想し、歓迎ムードが高まっています。アメリカとしても、反米諸国に対するショーウィンドウとして、アメリカとの和解によるキューバ国民の生活好転を強く印象づけたいはずです。

アジアで中国包囲網を敷くアメリカに対し、中南米に楔を打ち込みに出た中国。両国の覇権争いはいよいよ本格化しつつあると言えそうです。

4 ASEANに近づくアメリカの思惑

◆アメリカの対中戦略が始まった

エネルギー価格の下落は、新興国にも影響を及ぼします。BRICs諸国の中では、資源大国のロシアとブラジルが負け組になり、資源消費国のインドが勝ち組になります。また、南アフリカも資源国のひとつなので負け組に入るでしょう。

中国については、勝ち組にも負け組にもなりません。エネルギー価格の下落は消費国としてプラスに働くものの、エネルギー価格下落による生産コスト構造の激変から、「世界の工場」としての地位を失う可能性があるからです。

これらの点を考えると、BRICs諸国はもはやかつての高成長の国々ではなくなり、高成長の国から低成長の普通の国になっていくでしょう。

その一方で、新たな新興国としてフィリピン、インドネシア、タイなどのＡＳＥＡＮ諸国が注目を集めていくことになります。現在、そのＡＳＥＡＮ諸国に注目し、積極的に接近しようとしている国があります。

アメリカです。その狙いもやはり、対中国への布石です。

アメリカは対中国をにらんで、アジアに自分たちの勢力圏をつくろうとしています。交渉妥結を目前にしている環太平洋連携協定（ＴＰＰ）もその一環であり、アメリカはこれによって東南アジア諸国を取り込み、将来的にはインドも取り込んで、経済的・軍事的に中国を囲い込む戦略をとろうとしているのです。

２０１５年4月、アメリカはフィリピンとの間で「バリカタン」と呼ばれる10日間の合同軍事演習を実施しました。

演習地には中国が埋め立てを進める南沙諸島に面したパラワン島や、中国が実効支配するスカボロー礁に近いフィリピン軍のザンバレス州基地が含まれており､演習の初日､フィリピン軍は中国による埋め立て作業の空撮写真を公開しました。写真からは岩礁の埋め立てが進み、航空機の滑走路が建設できる規模となっていることが見てとれます。軍事目的と見られる6階建ての大型施設の建設も確認されました。

アメリカ海軍のハリー・ハリス太平洋艦隊司令官は「しゅんせつ船とブルドーザーで『砂の万里の長城』を築いている」として、中国を非難しました。

演習直後の2015年4月28日、マレーシアのランカウイ島で行われたASEANの首脳会議では、中国が強行する埋め立てに言及し「深刻な懸念を共有する」「信頼を傷つけ、平和や安定を損ねかねない」という議長声明が発表されました。

ASEANの中にはマレーシア、カンボジアなど、中国と経済的に強く結びつき、政治的にも中国寄りの国があります。この会議では議長国のマレーシアが親中派だったため、批判のトーンは弱くなるものと予測されたのですが、実際にはこれまでの声明から一歩踏み込み、ASEANが連携して中国を牽制する内容となっています。

親中路線を採るマレーシアがホスト国であったにもかかわらず、ASEANが中国の南沙諸島における動きを非難する声明を発表したのは、背後にアメリカからの後押しがあったと見るべきでしょう。

東南アジアの首脳たちに連名で中国を名指しで批判させたことは、アメリカの外交戦略の成果と言えます。

アメリカとしては、中国軍による埋め立て作業の映像をフィリピン軍を通じて公開したり、ASEANに中国を非難させたりして、自ら直接文句を言うだけでなく、間接的に世界の世論を味方につけようとする作戦なのです。

◆中国に対抗するためアメリカと手を結んだフィリピン、ベトナム

中国は現在、かなり意識的にアメリカの覇権に挑戦してきています。

とりわけアメリカにとって、2015年3月、中国が主導するアジアインフラ投資銀行（AIIB）設立に、イギリス、ドイツ、フランスなどヨーロッパ主要国が軒並み参加を表明した衝撃は大きかったようです。以来、露骨に中国を敵視し始めた印象があります。AIIBへの先進主要国の参加を止められなかったのは、アメリカの外交力が弱まっている証拠であると指摘する声があります。しかし、アメリカはASEANを取り込むことによって、外交的な巻き返しを図ろうとしています。

2015年6月、ドイツのエルマウで行われたG7（主要7カ国首脳会議）でも、首脳宣言において「力による一方的な領土の現状変更の試み」を批判しています。これは第一

義的にはロシアによるクリミア半島の編入を念頭に置いたものですが、このときはロシアを名指しで非難した後で、中国を名指しこそしていないものの、改めて「東シナ海、南シナ海での緊張を懸念」と記しています。

そこには日本政府の働きかけもあったようですが、アメリカもまたＡＳＥＡＮを中国から引き離して、自分の側につけたいという思惑があるのです。

そういった外交戦略にかけては、アメリカはやはりしたたかさがあります。

合同演習前年の２０１４年４月には、１９９０年代に駐屯基地を閉鎖して完全撤退していたフィリピンと新軍事協定を締結し、22年ぶりにフィリピン駐留再開を決定しています。

新協定によって、米軍は、南シナ海に面するルソン島のスービック基地など、フィリピン軍の基地を利用できるようになります。

背景はもちろん、南シナ海におけるフィリピンと中国の領土紛争です。

かつては反米一色で、自国から米軍を追い出したフィリピンですが、いまや打って変わって中国を非難しています。フィリピンについては、アメリカは自国側に取り込んだと言っていいでしょう。

ベトナム戦争を戦ったベトナムとも、アメリカは結びつきを強めてきています。

２０１４年10月、アメリカはベトナム戦争以降40年近く続けてきた武器禁輸措置のうち、海上安全保障の分野について一部を解除し、領海警備用の武器と監視装置の輸出を認めました。この措置も、やはり南沙諸島の領土問題で、ベトナムが中国と揉めているため、その取り込みを狙ったものです。

もともと現在のベトナム政府は、ベトナム戦争で共産側だった北ベトナムが、アメリカ側だった南ベトナムを征服して統一した政権であり、伝統的にロシアに近いのです。そのため、ベトナム軍の装備もロシア製の兵器が多くなっています。アメリカは、そのベトナム軍の旧式の装備をアメリカ製の近代的な兵器に替えて、南沙諸島の領域争いに強く出られるよう画策しているのです。

ベトナム、アメリカともに、中国という大いなる脅威の前で、かつての敵が味方になりつつあるわけです。ただしロシアから見れば、それまで影響下に置いていたベトナムがロシアから引き離されてしまうことになるため、ベトナムとアメリカの接近をおもしろくは思っていないでしょう。

◆親中派のミャンマーも中国共産党支配下から脱却した

アメリカはさらに、中国共産党の影響下にあったミャンマーも自陣営に引き入れようと試みています。

ミャンマーは1948年にイギリス連邦を離脱して独立した国です。1962年3月、ネ・ウィン将軍が軍事クーデターを起こして政権を掌握。以来、軍部独裁の社会主義国家として、長きにわたって中国共産党の影響下にありました。

しかし1988年、軍事政権が経済政策の失敗から深刻なインフレを招くと、ミャンマーではネ・ウィン退陣と民主化を求める反政府運動が広がります。

これに押された軍部は1990年5月に総選挙を実施しますが、アウン・サン・スー・チー率いる国民民主連盟（NLD）と民族政党が選挙で圧勝すると、選挙結果に基づく議会招集を拒否。民主化勢力を弾圧し、アウン・サン・スー・チーは自宅に軟禁されます。

こうした情勢を人権抑圧とみなしたアメリカとEUは、ミャンマーへの投資を禁止するなど、経済制裁を発動しました。2007年9月には、デモ参加者に対してミャンマー当局が強権的に弾圧を図ったことなどを理由に、さらなる経済制裁措置の強化を実施しました。

しかしミャンマーでは同年10月、軍出身のテイン・セインが首相に就任し、民主化改革を開始。2010年11月、新憲法に基づく総選挙が実施されて、軟禁されていたアウン・サン・スー・チーも解放されました。

テイン・セインが2011年3月、ミャンマー大統領に就任すると、同年末、クリントン国務長官がミャンマーを訪問するとともに、オバマ大統領は2012年7月、ミャンマーへの経済制裁を大幅に緩和する大統領令を発しました。さらに2012年9月、テイン・セイン大統領とアウン・サン・スー・チーが国連総会に出席したのを機に、長く続いたアメリカの経済制裁のほとんどは解除されました。

いまやミャンマーは外国企業による空前の投資ブームに湧いており、かつての中国共産党支配下から完全に脱却しつつあります。

◆TPPと日米関係の強化が対中国包囲網

ただし、アメリカにとっても、ＡＳＥＡＮの中でも親中のマレーシア、カンボジアなどをどう取り込んでいくかは、今後の課題であり、そのための重要なツールがＴＰＰになりそうです。

参加国に高水準の自由貿易を求め、経済圏としての一体化を進めようとするＴＰＰは現在、６年越しの協議を経て、締結まであと一歩のところまで来ています。

２０１５年６月、米議会がそれまで難色を示していた、オバマ大統領に貿易促進権限（ＴＰＡ）を与える法案を通過させたことで、相手国との交渉が加速すると見られています。

ＴＰＡとは、外国との通商交渉に臨む大統領に対して、条約内容の決定に関する全権を与えるものです。ＴＰＡの下で大統領が締結した通商条約に対しては、議会は内容の修正を求めることができなくなります。

長いこと難航していたＴＰＡ法案がここにきて急に議会を通過したのも、やはり「ＡＩＩＢショック」が大きかったと見られます。

これまで国内の権力闘争に目が向いていたアメリカの議員たちも、ヨーロッパ主要国がアメリカの意向を無視して中国主導のＡＩＩＢに群がる姿を目の当たりにし、諸外国が揃って「近い将来、中国はアメリカを越える超大国となる」と考えていることに改めて気づかされたようです。

TPPへの最初の参加国は、ここまで交渉を続けてきたアメリカ、日本、カナダ、オーストラリア、ニュージーランド、メキシコ、チリ、ペルー、シンガポール、ブルネイ、ベトナム、マレーシアの12カ国です。

親中派とされるマレーシアが参加していることが目を惹きます。

これら12カ国のGDPを合わせると、世界全体の40%になり、世界の全貿易の3分の1が網羅される計算です。アメリカはこのTPPを舞台に、ASEAN諸国を自国側に惹きつけていこうとしているのです。

アメリカ政府は対中国をにらんで、日本とも関係を強化すべく動いています。

2015年4月に安倍晋三首相が、日本の首相として初めて米議会の上下両院合同会議で演説する機会を与えられたのは、その象徴であるでしょう。

また2014年10月、オバマ大統領は日本人の母親を持つハリー・ハリス氏を米海軍太平洋軍司令官に指名しました。この人事も日本重視の姿勢の表れと見られています。

尖閣諸島問題についても、少し前までは中立的な態度に終始し、「できれば関わりたくない」という姿勢があらわでしたが、最近は、オバマ大統領が「尖閣諸島は日本の施政下にある(したがって日米安保条約の適用範囲にある)」と明言したように、かなりはっきりと日本側に肩入れするようになってきています。

こうした動きを見ると、アメリカの戦略としては、東アジアにおいては日米同盟を軸としつつ、東南アジアに軍事拠点を新設し、膨張する中国への対抗策としていく姿勢を鮮明にしているようです。

今後もアメリカは外交戦略、情報戦略を駆使して、ロシアと中国を引き離したり、中国国内の民主化の動きを促したりして、台頭する中国に対抗していこうとするでしょう。

5 中国に対する経済的封じ込めは機能しない

◆世界経済の半分を押さえようとするアメリカの野望

日本では環太平洋経済連携協定（ＴＰＰ）ばかりが話題になりますが、アメリカはＴＰＰと並行して、ＥＵとの間で環大西洋貿易投資パートナーシップ（ＴＴＩＰ）の交渉も進めています。

アメリカの狙いは、ＴＰＰをもうひとつの広域経済協定であるＴＴＩＰと合体させ、世界のＧＤＰの半分以上を占める巨大な経済圏をつくり、知的所有権などの制度づくりでアメリカが主導権を得ることです。

オバマ大統領は２０１５年、ウォール・ストリート・ジャーナルの取材に対し、「もし

TPPとTTIPの参加国

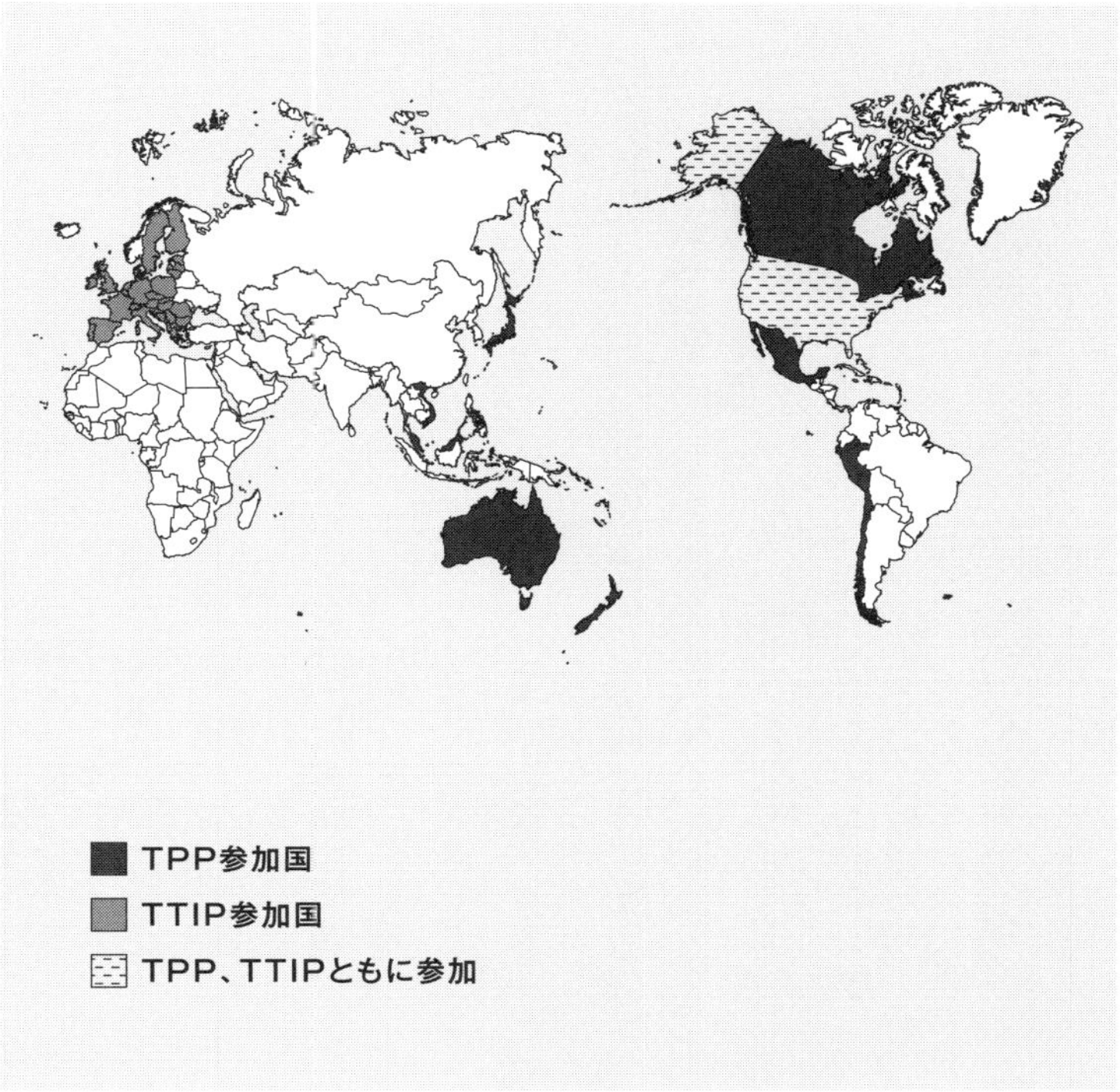

アメリカの中国包囲網はうまくいくか?

アメリカがルールをつくらなければ、中国がルールを確立する。そうなればアメリカが閉め出される」と述べています。つまりアメリカにとって、ＴＰＰも中国との覇権争いの一環であり、「世界経済で中国の存在感がさらに増し、中国が主導する中国中心の経済圏が拡大するのを防ぐ」という狙いがあるのです。

アメリカ側が重視するルールのひとつが、知的財産権の保護です。欧米企業は中国による知的所有権の侵害によって、毎年、莫大な損失を出しており、これを防ぐことは自国の利益になるとともに、中国経済に対しては打撃を与えることとなります。２０１５年５月、アメリカ通商代表部（ＵＳＴＲ）は知的財産権保護に関する年次報告書において、偽造などの問題が大きい中国、ロシアなどを「最重点監視国」に指定しています。

ただしＴＴＩＰについては、順調に交渉が進むかは疑問です。アメリカとヨーロッパの間では、食品、とりわけＧＭ作物の規制を巡って対立があります。ＧＭ作物は遺伝的に除草剤に強い穀物をつくった上で、大量の除草剤を散布して雑草処理の手間を省いて穀物を生産することを最大のメリットとしています。しかし、そこで使われる除草剤の安全性には疑問があり、食品の安全性に敏感なヨーロッパとの対立の原因になっているのです。

そうした対立を乗り越えてＴＰＰ、ＴＴＩＰを締結し、さらにそれをアメリカ主導で合体させたとしても、果たしてどの程度、中国の存在感を低下させられるのかは疑問が残ります。

◆なぜこれほどAIIBに参加する国があるのか

中国の経済的存在感は、すでに世界の中で非常に大きくなっています。

アメリカ自身にとっても、中国は、輸出相手国としてはカナダ、メキシコに次いで3位、輸入相手国としては1位という貿易上の主要なパートナーです。日本にとっても、中国は、輸出相手国としてはアメリカに次ぐ2位、輸入相手国としては1位です。

ヨーロッパも中国と経済的に深く結びついており、EUから見ると、中国は域外の輸出相手国としてはアメリカ、スイスに次いで3位、輸入相手国としては1位となっています。ヨーロッパ企業はアジアの成長力を取り込むべく、さらに中国市場との関係を深めようとしています。この事情はアメリカ企業も同じです。

中国市場が大きく成長しつつあるだけでなく、中国企業や政府もすでに欧州に進出しています。たとえばEUの債務危機では、中国政府がギリシャ支援を申し出ています。このように中国と欧州の結びつきが強まっているので、ＡＩＩＢにもヨーロッパ主要国が飛びついていったのです。その意味では、アメリカも厳しい戦いを強いられています。

あまり話題になりませんが、中国政府が最近になってＡＩＩＢ構想を打ち出したのは、アジア地域での経済覇権を握るという狙いのほかに、中国国内の景気対策の意味合いも強くあります。

中国では、リーマンショック後に「４兆元対策」と言われた、政府主導による国内景気維持のための公共投資を続けたことで、いまは過剰投資の弊害が大きくなっています。

過剰な設備投資によって、鉄鋼などの素材は供給過多で値崩れを起こしていますし、自動車の生産では国内需要の２倍もの設備を抱えてしまっているのです。

中国政府としては、長年、巨額の経常収支の黒字を重ねてきたため、投資のための莫大な資金を持っています。しかし、いまそれを国内に投資をしても、無駄になるのは目に見えています。めぼしい投資先は過去数年でなくなってしまったので、この先、国内に投資するのは効率が悪すぎるわけです。

その一方、アジア全体ではまだまだインフラ整備が必要な国や地域が多く、大量の資金需要があります。「それなら中国が国内で余っているマネーを新興国に貸して、利子を取ればいい」というのが、中国政府の発想なのです。

商売感覚の優れた中国の人たちは、高利貸しが儲かることをよく知っています。大っぴらには言っていませんが、中国政府が資金を提供し、金利収入で儲けて、かつアジア諸国でインフラ開発が盛んになり、そこに中国企業が資金の紐付きで進出していけば、民間経済も活性化する。しかも、アジアにおける中国の存在感は一段と高まる。中国にとってはいいこと尽くめです。

そのおこぼれに欧州も与《あずか》りたい。もちろんアジア諸国だって恩恵を受けたいと思っています。ＡＩＩＢの吸引力は相当なものだと言えるでしょう。

◈中国が目論むエネルギー輸送ルートの確保

中国ではＡＩＩＢの開発対象となるインフラについても、自分たちが主導権を握る気でいます。

たとえばアメリカ海軍の勢力下にあるマラッカ海峡ルートに代えて、タイのクラ地峡に運河を建設し、中国にとってのエネルギーのライフラインを確保したり、中央アジアを貫いてカスピ海や黒海に通じる交易路を完成させれば、それは中国にとっての恩恵になるわけです。

実際、「2015年5月、中国とタイがクラ運河協力覚書に調印した」と報じた中国メディアも、「アメリカとシンガポールは軍事分野で密接な協力があり、もし中米間に衝突が起きると、中国本土が消費する輸入石油の80％が通らなければならないマラッカ海峡がアメリカに封鎖される恐れがある。クラ運河が開通すれば、このような窮境から脱出できる」としており、中国政府がＡＩＩＢを、アジアにおいてアメリカから覇権を奪い去る目的に利用しようとしていることは間違いありません。

有事の際のエネルギー供給ルートの確保は中国にとって戦略的に重要なテーマであり、その狙いの下に北極海でも、新航路の開発に関与しています。

2014年9月には、「中国とロシアが共同で、中国東北部の吉林省に隣接する極東ロシアのザルビノで、北東アジア最大規模の港湾を建設することで合意した」と伝えられました。中国国内からロシア領内のこの港へ続く高速道路も、中国の資本で建設される予定です。

中国は近年、北極ルートの利用に便利な北朝鮮の羅先《らそん》でも港を建設しており、この計画は将来的に北極海航路の拠点を確保したい中国の狙いを、ロシア側が受け入れたものと見られます。

このザルビノは、かつて１９６０年代に中国と旧ソ連が対立していた時代、軍事的重要拠点として緊張が最も高い地域とされ、２００３年に中国企業がこの港を丸ごと租借しようとした際には、安全保障上の理由で許可が下りなかったという経緯もあります。

今回、ロシアがこの戦略拠点への中国の進出を認めたことは、やはり中国とロシアの力関係に過去10年で大きな変化が生じたことを示すものでしょう。

◆政治的に対立しても、経済的には相互依存関係になる

アメリカがＴＰＰとＴＴＩＰを合体させ、経済版のＮＡＴＯをつくったとしても、中国のＡＩＩＢの吸引力にどこまで対抗できるかは未知数です。

おそらく、軍事的な試みはある程度成功を収めたとしても、経済的にはアジアにおける主導権を確保したいアメリカの構想は失敗するでしょう。東アジアでは経済的な主導権が中国に移るとともに、軍事的には米中は拮抗した関係になっていくだろうと私は予測して

います。

世界の軍事情勢の分析で知られるイギリスのシンクタンク・国際戦略研究所（ＩＩＳＳ）によれば、オバマ政権誕生後のアメリカの軍事費が年々減額傾向にあるのに対して、中国は２００８年から２０１３年にかけて、軍事支出を43・５％も増やしていると言います。このことは、アメリカがアジアへ軍事力のシフトを進めている大きな要因です。アメリカは最終的には、軍事的にも中国がロシアを追い越して最大の敵国となると読んでいるのです。

世界経済が低成長化する中で、中国、インド、そしてＡＳＥＡＮ諸国の成長率の相対的な高さから見ても、これからはアジアがグローバル企業にとっての覇権争いの主戦場になってくるでしょう。どの企業も成長市場で稼ぎたいと考えており、エネルギー価格の長期低落が予想されるいま、成長市場がどこかと言えば、それはアジア地域しかありません。

アメリカ政府にしても、アジアにアメリカ企業がどんどん進出していき、知的財産権を守りながら、利益を確保していくというのが、理想として思い描く戦略です。

アジア地域に進出していけば、やはり中国企業と争うことになりますが、その関係もおそらく直接競合するというよりは、相互依存の関係になっていかざるをえないでしょう。

アップルが台湾の鴻海《ほんはい》精密工業の中国工場でiPhoneを組み立てているように、アメリカ企業は中国の企業で安価に自社ブランド製品をつくるといった、互いに利益のある形になっていくでしょう。

結局のところ、アメリカと中国の間では、アジアで軍事的均衡が生まれ、その上に経済の相互依存はいっそう深まっていきます。そのため、お互いにもう争いはできなくなってくるのです。いまでもGMなど中国市場に進出している企業からすれば、「頼むからあまり対立しないでくれよ」というのが本音でしょう。それはアメリカ市場に進出している中国企業も同じです。

アメリカと中国は今後、たとえ政治的に対立しても、経済的に対立することができない、ちょうど日本と中国・韓国の関係を表わす「政冷経熱」という言葉に表されるような関係になっていくことになるでしょう。

6 中国はアメリカを超えられない

◆シェール資源はあっても産出できない中国の事情

中国には、アメリカをしのぐ規模のシェールガスの資源が存在すると見られ、中国の国土資源部と国家能源局（エネルギー局）は2011年に、シェールガス産出の目標として2020年には660億～1000億立方メートル生産することを掲げました。しかし、この目標の達成は極めて困難でしょう。

その理由としては、第1に中国ではシェールガス開発に必要な技術の蓄積がないこと、第2にシェールガスが存在する地層の深さが、アメリカでは2000メートル程度なのに対し、中国では3000～4000メートルと深く、さらに地層が複雑で、シェールガス開発技術の基本である「水平掘り」が難しいことが挙げられます。

その後、2014年になって中国政府は、2020年までのシェールガス生産目標値を300億立方メートルへと、大幅に下方修正しています。「地質構造が複雑で、開発が想定以上に難航しているため」ということです。今後は開発の重点を砂岩層から採取する「タイトガス」にシフトすると見られています。

中国にはシェールガスの鉱区はあるものの、直接的にはシェール革命の恩恵を受けていません。

それでも、中国はエネルギーの純輸入国ですから、エネルギー価格全般が下がったことで経済的には助かっています。

ウクライナ危機によるロシアと欧米の対立でも、欧米の経済制裁のおかげで、それまでは値段の面で折り合えないでいたロシアから、天然ガスを安く買うことに成功しています。いわば、漁夫の利を得た形です。ロシアから30年にわたってパイプラインで天然ガスの供給を受ける契約ができたことは、エネルギー資源の不足している中国にとっては大きなプラスです。

また、原油価格が下がったことを受けて、中国では国家的な石油の備蓄も進めています。

それが原油価格を下支えしている面もあり、2015年初めの原油価格下落局面で、1バレル40ドル前半で止まったのは、中国の備蓄のおかげだとも言われました。

いずれにしても、自らシェールオイルの生産はできなくても、原油価格が下がり、安く買えるようになったことで、中国は十分なメリットを享受していると言えるでしょう。

◆水増しされている中国の経済成長率

中国経済全体の動向についてはどうでしょうか。

中国のGDP統計は信用できず、割り引いて見なければいけません。たとえば、2011年1～3月期、同4～6月期に中国のGDPは9・5％の伸びを示していました。このとき、電力消費量は10～15％、貨物輸送量は15～20％の伸びでした。ところが、2013年1～3月期には、電力消費量の伸びが4・3％、貨物輸送量はマイナス0・8％と大きく落ち込んだにもかかわらず、中国政府は同期間のGDPの伸び率を7・7％と発表したのです。電力消費量が伸び悩み、貨物輸送量にいたってはマイナスに転落しているのに、GDP成長率がこんなに高止まりしているわけがありません。実際には、5％を割り込むところまで落ち込んでいたはずです。

中国ではGDP統計だけでなく、毎月公表される消費者物価指数や失業率のデータも、まったくあてにならないのです。

中国はいまやよく知られているように、2008年のリーマンショック後の「4兆元投資」と呼ばれる巨大な財政出動と金融緩和の反動で、地方政府の下にある国有企業や「融資プラットフォーム（融資平台）」が重債務状態にあり、また高金利の「理財商品」が続々と償還不能の危機を迎え、通常の融資以外にこうした投資を行っていた銀行も不良債権比率が上昇してきています。

また、製造業においても、政府主導の空前の投資ブームに乗って、重厚長大型産業で過剰な設備投資を行ったため、供給能力過多となっています。

そうした状況から、2014年、人民日報に「新常態」（ニューノーマル）に関する記事が掲載され、それが以後の中国の経済政策運営の基本方針となりました。

「新常態」は、中国政府の説明によれば、次のとおりです。

①高速成長から中高速成長への転換

②成長率重視型の粗放型成長モデルから、成長の質・効率重視の集約型成長モデルへの転換

③供給能力拡大重視型経済構造から供給能力適正化重視型経済構造への転換

④伝統的経済発展推進力から新型経済発展推進力への転換

要するに、現状が設備過剰状態にあること、また、もはや今後はかつてのような高い経済成長率を維持することはできないことを中国政府として公式に認めたものといえます。

いま世界のあらゆる国際機関が、「中国はやがてＧＤＰでアメリカを抜いて世界一となる」と予測しています。

私の予想はそれらに反するものです。中国政府によって隠された真実を直視すれば、そのようなことは起こらない可能性が高いのです。どちらが正しいかは、おそらく数年もすれば見えてくるでしょう。

7 追い風を受けるインド経済

◆これからのインド経済にはプラス要因が多い

インドは、エネルギー価格低下の恩恵に浴することのできる数少ない新興国です。非資源国にとってエネルギー価格低下のメリットのひとつは、経常収支の改善です。

インドは石炭、天然ガスの消費量の大半を国内からの産出分でまかなっていますが、石油はほとんど産出できないため、2000年代に入ってからの原油高によって、経常収支が大幅な赤字に転落していきます。2012年の経常赤字はGDP比4・8％にも達しました。

しかし、その後のエネルギー価格の低下により、2013年以降は経常赤字はGDP比で1％台まで改善しています。

また、エネルギー価格の低下によるインフレ率の低下も期待できます。

インドの物価上昇率は、エネルギー価格が高騰した2000年代半ばから急上昇しており、2008年から2013年にかけては毎年10％前後に達していました。しかし、エネルギー価格の低下とともにこちらも沈静化し、2014年には6％弱に低下、2015年に入ってもほぼ同程度に収まっています。

また、2014年5月に、それまでグジャラート州の州首相であったナレンドラ・モディ氏がインドの首相に選ばれたことも、インド経済にとっての追い風になっています。

モディ氏は州首相時代にグジャラート州の道路、水道、電力などのインフラ整備に取り組み、おかげで同州は電力や水が滞ることなく供給される、インドでは数少ない州のひとつとして知られています。モディ氏は同時に行政改革も推進し、グジャラート州を「インドで最もビジネスがしやすい州」と言われるまでにしました。

このような州首相時代の手腕を国政でもうまく発揮できれば、インド経済にプラスの効果をもたらすことができるでしょう。

◆エネルギー価格がインドの問題を解決する

しかし、インド経済は多くの問題を抱えています。インドへ進出する企業がまず直面するのが、行政手続や税務の複雑さと汚職の多さです。

土地の確保も大きな問題であり、たとえ各州が企業向けに用意した収用地に進出した場合でも、地元の反対運動に巻き込まれ、多額の追加補償が求められるケースが頻発しています。

たとえば、2008年にはインド企業のタタ・モーターズ社が、土地を収用された農民たちによる反対運動の激化で、西ベンガル州に一度は建設した工場での生産を断念し、グジャラート州への工場の移転を余儀なくされました。韓国鉄鋼大手ポスコ社は、オリッサ州で製鉄所建設を計画して2005年に調印したものの、敷地予定地からの住民の立ち退きが進まず、住民団体がいまも反対運動を続けています。

インドではインフラもきわめて脆弱で、発電設備や送電設備のメンテナンスが行き届かず、停電が頻発し、貧困地域では勝手に電線を引いて電力を使ってしまう「盗電」や、勝手に水道管から水を引いてしまう「盗水」が当たり前のように行われています。当然ながら、漏水や漏電も多く、送電ロスは発電量全体の2割に達するとも言われています。

また2012年、スズキのインド子会社マルチスズキで従業員の暴動が起きたように、インド特有のカースト制度も企業の人事管理上の大きな問題となっています。

理数系の高等教育を受けたインド人の高い能力は世界的に定評がありますが、自国では能力を発揮する機会が乏しいため、優秀な人材ほど、アメリカなど海外に出ていってしまっているのが現状です。

しかし、エネルギー価格の下落は、インドのようなエネルギー輸入国の貿易赤字を改善し、インフレの解消と金利の低下をもたらします。モディ首相の下、製造業を強化しようとするインドにとっては願ってもないチャンスなのです。

ここ10年のインドの経済成長率は、原油価格が高騰した2008年、2012年に大きく下げた以外は、6%以上を維持しています。人口の面でも、国連の予測によれば、インドが2028年までに中国を抜いて世界一になると見られています。

インフラと行政手続、税務や労務の問題が政府の行政改革によって解消されれば、外資等の進出が加速し、それがインド経済を大きく成長させていくことでしょう。

世界の将来を考えると、人口の巨大さからいっても、世界でこれからエネルギーを最も使うのは、中国とインドの2カ国となるでしょう。

これまでは「中国など新興国のエネルギー需要の爆発的な増加が、世界経済を危機に陥れる」といった論調で語られることが多かった両国のエネルギー問題ですが、石油と天然ガスの供給が拡大していくことで、この問題はこれから解決に向かっていくでしょう。

インドは電力や交通インフラの整備が進んでいないため、現状では停電も多く、いくら電気があっても足りない状態です。エネルギー需要はこれからも伸びていきます。現在のモディ首相の方針が浸透していけば、これからは外資を導入してインフラを整備していくことになるでしょう。

中国並みにエネルギー消費が増えるには、まだ時間がかかりそうですが、そうなった場合でもエネルギー供給面の不安はなくなっているはずです。

中国とインドのエネルギー問題が解決に向かうということは、世界のエネルギー問題もほぼ解消されることでもあります。

8 アメリカとロシアの電撃的和解の可能性

◆着実に進んでいるアメリカの中国包囲網

経済的に膨張していく中国に対するアメリカ側の戦略は、「コスト賦課」と呼ばれる長期戦略にあると言われます。事を急がず、国際社会に粘り強く訴えることによって、相手に強硬策を断念させていくというものです。

先に映像公開で南沙諸島の問題をアピールして、ＡＳＥＡＮ諸国の首脳声明やＧ７の声明で中国の行動を非難させることに成功したように、アメリカは得意な情報戦によって、中国の国際的孤立をめざし、最終的にその領土拡張の野望を屈服させようとしています。たとえば最近は、中国政府が専門の部隊を設立して組織的に世界各国にサイバー攻撃を行ったり、機密情報を盗み出していることを非難していますが、これも情報戦の一環です。

軍事的に屈服させるのではなく、民間メディアを通じて国際情勢的に優位を確立しようとする作戦は、いまのところ効果を上げており、少なくとも南沙諸島における埋め立てについては、先進国もASEANも中国を支持しなくなっています。

このため中国も、「現在の埋め立てが一段落したら、とりあえず一度終了する」と表明せざるをえなくなりました。中国にとって、とりわけASEAN諸国の首脳声明は、政治的にかなり大きな打撃になったと見られます。

アメリカの世界に対するアピール戦略が功を奏しているようですが、それでも、どうせほとぼりが冷めたら、中国がまた動き始めることは間違いないでしょう。しかし、そこで音を上げずに非難を続けていけば、世界における中国のイメージはどんどん悪くなっていくはずです。

その一方でアメリカは、アジアでの軍事的包囲網の構築を進めています。

現在、太平洋地域ではアメリカと日本の間で結ばれている日米安全保障条約と、アメリカとオーストラリアの間で結ばれている太平洋安全保障条約（ANZUS）、さらにアメリカと韓国の間で結ばれている米韓相互防衛条約という、それぞれ1950年代前半に締結された2カ国間の条約によって、アメリカを中心とした対共産圏の軍事同盟の網がめぐらされています。

ANZUSは当初、アメリカとオーストラリア、ニュージーランドの3カ国で締結したものですが、その後、ニュージーランドが核兵器搭載艦艇の寄港を拒否するようになったため、アメリカはニュージーランドへの防衛義務を停止し、アメリカ・オーストラリア間の同盟条約となっています。

これに加え、日本、アメリカ、オーストラリアとインドの間で、「四カ国戦略対話」という非公式軍事同盟が存在します。これは第1次安倍内閣当時の2007年に、安倍晋三首相の呼びかけで実現したもので、公式に認められてはいませんが、明らかに中国を仮想敵国とする連帯です。

アメリカはこのような公式、非公式の軍事同盟関係を、日本とオーストラリアからインド、フィリピンに拡大しつつあります。

近い将来に四カ国戦略対話にフィリピン、ベトナムを加え、それをきっかけに他のASEAN諸国も加えた中国への軍事的包囲網をつくるという狙いがありそうです。

この軍事的包囲網については、時間がかかるかもしれませんが、最終的にアメリカは構築に成功するだろうと読んでいます。

◆大いなる敵の前では、アメリカは敵対国とも和解する

先ほども述べたとおり、経済的な対中国包囲網づくりは失敗する可能性が高いので、アメリカは今後も軍事的には均衡を保ちながら、これまで同様の情報戦で中国の味方を少しずつ削っていくことになりそうです。

ここで問題になってくるのが、やはり中国とロシアの接近です。アメリカとしては、経済規模で自国をしのぐ可能性のある大いなる敵・中国と対峙する上で、やはり中ロは引き離しておきたいのです。アメリカはしたたかな国ですから、ひょっとしたら大変な隠し玉を、その目的にために用意しているかもしれません。

私が考えるその隠し球とは、「アメリカとロシアの電撃的な和解」です。

いまも安保理の中で中国とロシアは組むことが多いですが、アメリカとしてはロシアを自陣側に引きつけることができれば、軍事的に中国を孤立させられるし、中東など紛争多発地域を和平に導く上でも、大いに前進が期待できます。アメリカとロシアが協力したら、

世界のどの国も軍事的に対抗できませんから、イスラム国の掃討にしても、あっさりと片がつくでしょう。

いまはウクライナ危機によって、アメリカは対ロシアの経済制裁を率先して行っていますが、おそらくアメリカは、将来的には中ロを引き離しにかかると考えています。

私がそう考えるのは、アメリカがこれまでにも、大いなる敵と対峙するときには、それまでの敵国と電撃的に和解してきた歴史があるからです。

第2次世界大戦で日本と戦ったときには、それまで敵視していたソ連と和解してその参戦を促しましたし、第2次大戦後にそのソ連と敵対するようになると、占領していた日本の独立と経済発展を助け始めました。冷戦時代にも、共産陣営の一員であった中国と電撃的に国交を回復しています。

このように見てくると、アメリカは自国の脅威となる存在が出てきたときには、それまで敵対していた相手と電撃的に和解することが珍しくないことがわかります。

◆対中国の名の下に、米ロの電撃和解が行われる

ロシアとしても、いまはプーチンがロシア国民のナショナリズムに訴えて、意識して反米的な言動を繰り返していますが、このままでは経済的にやっていけないので、本音では欧米と和解して、経済制裁を解除してもらいたいと思っているはずです。

アメリカ側から歩み寄ってくれるなら、プーチンも格好がつくでしょうし(それまでプーチン政権が続いているかはわかりませんが)、欧米と和解できれば、中国の格下につかなくて済むからです。国内では有色人種に対する差別が当たり前のことになっているロシア人にとっては、スラブ民族の誇りも守れるわけです。

自らの覇権に挑んでくる国に対して、アメリカは徹底して叩きつぶしにいきます。ただしアメリカの場合、自分にとって脅威にならない相手に対しては、それまで対立していても、平然と仲直りするところがあります。

現在、アメリカはかつて対立していたイランやキューバ、ベトナムなどと相次いで和解する動きを見せています。それは対中国を意識した動きであって、中国との覇権争いに備え、足元を固めようとしているのです。そして、その延長上にロシアもいるわけです。

アメリカがキューバと和解したおかげで、ベネズエラなど南米の反米勢力は政治的な求心力を失い、苦境に陥っています。

イランとの合意にしてもアメリカは、それによってロシアが大変な苦境に陥ることを見越して進めているはずです。

アメリカとしては、ロシアがエネルギー価格の低迷でどうにもならなくなったところで助け舟を出して、中国から引き離し、自陣に取り込むというのがひとつの戦略となっているのではないでしょうか。

アメリカがロシアと電撃的に和解する場合には、日本も積極的に関与することです。それが北方領土返還（といっても、一部の返還になりますが）のチャンスになるかもしれないからです。ロシアでは与野党ともに日本への領土返還に前向きな政治家はいませんが、プーチン政権が形勢的に追い込まれた場合（あるいはプーチン政権の次を担う政権が苦境に追い込まれた場合）、日本との協力を進展させる目的で領土問題について大きく譲歩する可能性がありえるのです。

第4章

これからの国際紛争はどうなるか

1 中東の治安はますます悪化する

◆アメリカの関心はもはや中東にはない

シェール革命によるエネルギー価格の下落で、ロシアと並んで最も大きな影響を受けるのが中東の産油国です。原油価格が下落すると、産油国の財政赤字が大きくなり、現在のような国民を懐柔するための社会福祉政策は維持できなくなります。そうなると、政治的な混乱が予想されます。

中東で騒乱が発生した場合、それを鎮める力があるのは、現在、アメリカだけです。しかし世界一の産油国になって、中東産油国から原油を買う必要が減ってくれば、アメリカにとって、もはやエネルギー確保のために自国の軍事力を中東地域へ振り向ける理由はありません。そうなると、中東の内戦には抑え役が不在になってしまいます。

オバマ政権は中東への介入に消極的です。2011年末にはイラクからアメリカ軍を完全撤退させ、リビアやシリアの内戦についても、過度の干渉を避けようとする傾向がはっきりしています。アメリカは中東での治安維持を含む軍事活動から徐々に手を引き、このままでは中東産油国での治安の悪化は避けられないことになるでしょう。

中東と北アフリカのアラブ世界では、2010年から2012年にかけて反政府運動が爆発的に盛り上がり、相次いで独裁政権が倒れています。

発端は、北アフリカのチュニジアで起こった反体制運動でした。

チュニジア中部の都市で、20代の露天商の若者が、販売の許可がないとして役人に野菜と秤を没収されます。役所に返還を求めたところ、賄賂を要求されて追い返されました。若者はこれに抗議して、県の庁舎の前で自分と自分のカートに火を放ち、焼身自殺を図ったのです。

直後の現場の様子が携帯電話のカメラで撮影され、カタールの衛星放送局アルジャジーラで紹介されたことで、事件の経緯がチュニジア全国に知れ渡り、民衆の怒りに文字通り火をつけたのです。

民衆の怒りの背景にあったのは、高い失業率とインフレによる生活苦です。

その原因をつくったのはアメリカでした。

２００８年のリーマンショック後、ＦＲＢの異常な金融緩和によって、大量の投機マネーが原油や穀物などの商品先物市場に流れ込み、価格を高騰させます。先物価格の高騰は現物価格に反映され、世界中でガソリンや食糧の価格が跳ね上がったのです。アメリカが自国経済を守るために引き起こした世界的なインフレが、中東やアフリカの貧しい人々を苦しめ、各地で政権に反旗を翻させたと言えるでしょう。

◆「アラブの春」ではなく「アラブの冬」が実態

チュニジアで23年間も続いたベンアリ政権を崩壊させたこの反体制運動は、チュニジアを代表する花の名をとって、「ジャスミン革命」と呼ばれるようになりました。

その経緯をインターネットで目の当たりにした中東世界の若者たちは、同様の反体制運動をエジプト、リビア、イエメンなどで展開。エジプトで30年以上も独裁体制を敷いてきたムバラク政権や、41年間リビアに君臨してきたカダフィ政権、親子２代で30年にわたってイエメンを支配してきたサレハ政権など、長期独裁政権を各地で次々と崩壊させていきました。

欧米諸国のメディアは、これを「独裁に反対する民主化運動」と捉え、「アラブの春」と呼んで好意的に報道しました。

しかしながら、「これで中東にも民主的な政府が生まれるのでは」という欧米諸国の期待に反し、独裁政権の崩壊後、多くの国では反政府勢力同士の抗争が始まり、国内は民主化するどころか、大きな混乱に陥ります。

エジプトでは新たに大統領になったモルシ政権がイスラム主義を掲げるムスリム同胞団のメンバーを入閣させ、民主改革を行うどころか、治安部隊による政治活動の規制を強化しました。ところが、民衆の反発が広がり、軍事クーデターによって1年でその座を追われます。

リビアでは選挙は行われたものの、政権が安定しない中、2013年後半から各地でイスラム系武装勢力の攻勢が活発化し、内戦状態に突入します。同じようにシリア、イエメンも内戦状態に陥り、現在も混乱の渦中にあります。

残念ながら中東情勢は、「ジャスミン革命」によって、治安の悪化が地域全体に広がり、政変リスクが高まったというほかありません。

生活苦に起因する民衆の暴動の結果、新政権が誕生したとしても、それまでまったく民主主義の土壌がない国で、政権が自らの権力を制限することになる民主主義制度を採用すると考えるのには、いささか無理があります。

「アラブの春」によって誕生した新しい政権の多くは、旧政権と同じように指導者たちが私利私欲に走り、他宗派を排斥して権力基盤を確立しようとしました。その結果、民衆の支持を急速に失い、暴動によって治安維持体制が破壊された国内が無秩序化していったのです。

各国における反体制運動のその後の推移を見ていると、「アラブの春」はむしろ「アラブの冬」と呼んだほうが正確ではなかったかと感じます。

◆中東に混乱をもたらした「サイクス・ピコ協定」

「アラブの春」が、欧米諸国が期待したような民主化をもたらさなかった理由は、どこにあるのでしょうか。

中東で民主的な国家体制が確立できず、国内紛争や内戦が絶えない大きな理由として、ひとつの国の中に、多くの異なる民族や宗派が混在していることが挙げられます。

反政府運動の主体となった人々は、独裁政権を打倒するという共通の目的のためには団結できましたが、しょせんは呉越同舟で、政権打倒後の新しい体制について思い描いていたことは、それぞれがバラバラでした。

国内に入り乱れるさまざまな勢力は、独裁政権が重しとなっている間は、政治的な活動を抑えられ、表面的な平和が保たれていました。しかし、反政府運動などで支配者の統治能力が低下し、重しがなくなったとたん、それぞれの勢力が一斉に権利の主張を開始します。結果として、閉じ込められていた国内の矛盾が一気に吹き出し、政治的混乱と内戦を招くことになったのです。

なぜそのような状況になってしまったのでしょうか。

この疑問に答えるためには、第1次世界大戦後、中東が欧州列強の植民地とされ、そこから独立していった過程と、ヨーロッパ列強が互いの植民地間の国境を定めた「サイクス・ピコ協定」への理解が必要です。中東の近代史を振り返ってみましょう。

この地域は長年、13世紀末に出現し、数百年にわたって領土拡大を続けたオスマン・トルコ（オスマン帝国）の支配下にありました。

オスマン・トルコは、17世紀後半に最大領土を獲得した時点で、地中海の南側沿岸のほとんど、バルカン半島やエジプトを含む紅海沿岸、小アジア、かつてのメソポタミアなど、アフリカからカスピ海に至る広大な地域を支配した大帝国です。

しかし18世紀以降は国力が衰退し、ハプスブルク家のオーストリアや帝政ロシアによる領土侵食、ギリシャ、エジプトの独立などで次々と領土を失い、20世紀初頭にはバルカン半島の一部と小アジアおよび中東のアラブ地域だけに縮小してしまいます。

オスマン・トルコは、１９１４年から始まる第１次世界大戦において、南下を続けるロシアに対抗するため、ドイツを盟主とする同盟国側について参戦しますが、劣勢の中で１９１８年、連合国側に降伏します。

大戦中、イギリス、フランスなど連合国側は、オスマン・トルコの領土分割について秘かに事前協議をしていました。分割案は主にイギリスのマーク・サイクスとフランスのジョルジュ・ピコによって進められ、「サイクス・ピコ協定」と呼ばれます。

協定の内容は、シリア周辺と小アジア南部、イラクの一部をフランスに、パレスチナとイラクの大半をイギリスに、黒海の東南側沿岸、ボスポラス海峡、ダーダネルス海峡の両岸をロシアに、それぞれ割譲させるというものです。その境界線は地形や民族分布を無視して、地図上で直線的に引かれた恣意的なものでした。

それによって、もともと広大なオスマン・トルコ領内にあったクルド人居住地域が、トルコ、イラク、イラン、シリア、アルメニアなどに分断され、エジプトのファーティマ朝6代カリフを神格化するドルーズ派の居住地区がシリア、レバノン、パレスチナに分断されるなど、サイクス・ピコ協定は後世に多くの禍根を残すことになります。

オスマン・トルコ時代、各宗派や民族は「ミッレト」と呼ばれる自治制度の下で信仰の自由と自治を許されていました。

しかし第1次世界大戦後、これらの地域がイギリス、フランスの委任統治下に置かれると、両国は多数派であるスンニ派アラブ人への権限委譲を避け、少数派キリスト教徒のマロン派やイスラム世界で異端とされるドルーズ派などを重用し、各民族や宗派間の対立を煽っていきます。

第2次世界大戦後、これらの地域からは多くの国が独立しましたが、もともとの境界が人工的なものだったため、独立後のこれらの国々の国境も、民族や宗派の分布を無視したものとなり、それが中東各国の国内政治の攪乱要因となっていったのです。

2 格差が広がる中東社会

◆若者の不満を抱える中東諸国のリスク

旧オスマン・トルコ領にあった中東諸国は、ほとんどが王国の形でヨーロッパの宗主国から独立しています。これらの国は独立後、恵まれた石油資源を活かして王家が民衆を懐柔して王制を維持するか、武装蜂起した勢力が王族を追い出して軍による独裁体制を敷くかという、2つのルートを辿っていきました。

前者の典型は、18世紀以来ブーサイード家が君主を務めるオマーン、サバーハ家を首長とし、事実上の絶対君主制を敷くクウェート、同じくサーニー家が首長として君臨するカタールなど。

一方、軍の独裁に向かったのは、1952年にクーデターで国王を亡命させたエジプト、1958年にクーデターで君主を処刑したイラクなどです。

王や軍が支配する独裁制の下、中東の社会では支配者階級とそれ以外の人々の間で格差が拡大していきました。

庶民が失業やインフレで生活苦にあえぐ一方で、富を独占する支配者たちは贅沢な暮らしを満喫し、国民は不満を募らせていきます。インターネットで簡単に周辺国の情報に触れられるようになった現在、独裁国家が連なり貧富の格差が著しい中東地域では、「アラブの春」のような暴動の連鎖がいつ起きてもおかしくなかったのです。

歴史を振り返ると、既存の体制に反対する運動は、若い世代の多い国々で活発に見られます。「アラブの春」においても、初期の反体制運動の主導者たちはおしなべて若い世代でした。

もともとイスラムの国々は、キリスト教圏の欧米や東アジアの仏教圏に比べて、著しく出生率が高いことが特徴です。1970年に1億2000万人だったアラブ連盟加盟地域の人口は、2015年現在、3億6000万人に達しています。半世紀足らずのうちに3倍にも増えたのです。こうした国々では必然的に、人口構成に占める若い世代の割合が高くなります。

しかし中東イスラム社会では、若者の多くは搾取される側です。「アラブの春」のきっかけをつくったチュニジアも、2010年当時の若者層の失業率は30％近かったと言われます。「アラブの春」で新しい政権の中枢に陣取ったのも、ほとんどは旧来の反政府組織や旧政権の生き残りでした。革命を先導していた若い世代が新しい体制づくりにほとんど関与できなかったことは、「アラブの春」の見逃してはいけない事実です。この不条理に対する怒りが、反体制運動の分裂を生んでいったのです。

◆根本的な原因は貧困にある

アラブ諸国の混乱を助長したのは、イスラム系過激派組織の存在です。そうした組織の伸長には、貧困が大きく関わっています。

中東は世界の中でも、苦しむ人々の割合が高い地域です。国連食糧農業機関（FAO）の2012〜2014年の集計によれば、世界で飢餓に苦しむ人々は約8億人で、過去10年で1億人以上減ったとされます。しかしイラク、イエメンを含む西アジア地域は、20年前と比べた飢餓人口の比率（8・7%）が、世界で唯一上昇しています。

この貧困と格差が、イスラム国（IS）のような過激派を生み出すもととなるのです。貧困と格差は、若い世代を過激なイスラム信仰に結びつけていきます。現世で貧困にあえぐ人々の心の拠りどころは、神の前での平等を説く宗教の世界です。イスラム国やアルカイダが次々と戦闘員を獲得して武装闘争を続けられるのも、若く貧しい人々の間に格差への怒り、富を独占する支配者たちへの怒りがあるからにほかなりません。「アラブの春」にしても、暴動の本当の原因は、インフレによる生活苦にありました。貧しさから生まれた暴動だったのです。

もうひとつ、権力の交代に伴う旧組織の解体と、それによる失業者と反体制派の発生も、治安の悪化を招いています。

どの独裁政権も、体制の維持を目的として軍や警察などの治安組織を強化しています。しかし、新しい勢力が政権を奪うと、旧政権を支えていた軍や警察の人員を解雇していきます。武器や戦闘の技術を持ちながら、新政権によって無職となってしまった兵員たちは、新たな反体制派となって過激派組織に参入し、国家を二分三分する内乱に拍車をかけていくのです。

3 イスラム教内の宗派対立は終わらない

◆宗派間の代理戦争となったイエメン内戦

第1章で触れた宗派の対立も、内戦の大きな要因です。

たとえば「アラブの春」後に内戦状態になった、イエメンを見てみましょう。

イエメンは国民ほぼ全員がイスラム教徒で、およそ60％程度がスンニ派、40％程度がシーア派と推測されています。「アラブの春」で失脚したアリー・アブドラ・サレハ大統領は、シーア派系ザイド派を信仰するアラブ系イエメン人で、北部ではサレハが属するシーア派系ザイド派が、南部ではスンニ派が主流となっています。

サレハは若い頃、北イエメン王国軍に入隊して兵士となり、1962年からの北イエメン内戦で戦功を重ね、やがて軍を押さえます。そして1978年に北イエメン共和国第6代大統領に就任しました。

この頃、イエメンは東西ドイツと同様に、資本主義の北イエメン共和国と共産主義のイエメン人民民主共和国（南イエメン）に分断されていました。しかし、ベルリンの壁の崩壊後、ソ連からの援助が急減し、南イエメンは経済的に窮乏します。南北イエメンは、北が南を吸収する形で統合され、北イエメンのサレハが統合イエメンの初代大統領となって、以後、独裁体制を敷いたのです。

2011年、「アラブの春」の広がりの中で、イエメンでもサレハ政権打倒を掲げる反政府活動が活発化します。サレハは反政府軍による大統領官邸への攻撃で重傷を負い、サウジアラビアへ搬送され、副大統領だった、南イエメン出身でスンニ派のアブド・ラッボ・マンスール・ハディが後継大統領に就任しました。

しかし大統領選後、サレハ政権時代に弾圧されていたシーア派系過激派「フーシ」が反乱を起こし、2014年には首都サヌアを制圧しました。さらに南部沿岸の都市アデンなどを支配下に置きます。このフーシを国外から支援したのが、同じシーア派のイランと見られています。

サウジアラビア、エジプトなどスンニ派諸国は、フーシの攻撃でサヌアから脱出したハディ大統領を支援。2015年3月、GCC（湾岸協力理事会）諸国を率いて首都を占拠するフーシへの空爆を行います。サウジアラビアにとって、国境を接するイエメンにイランを後ろ盾にしたシーア派過激勢力が台頭するのは、座視できないことだったのです。

この混乱につけ込んで、国際テロ組織アルカイダがイエメン南部のスンニ分離独立派と結びつき、南部と東部を勢力下に置きます。

この結果、イエメンでは現在、北部地域のフーシ、南部・東部地域のアルカイダ、中部地域の大統領派がそれぞれ対立し、内戦状態が続いているのです。

スンニ派のGCC諸国が支援する大統領派が、シーア派のイランが支援するフーシと対立するイエメンは、世俗の争いにスンニ派・シーア派の宗派の争いが投影される、典型的なイスラム代理戦争の構図と言えます。

◆シリア内戦もイスラム代理戦争に拡大

イスラム国を生んだシリアの内戦も、背後にはイスラム宗派間の争いがありました。

シリア国民の7割はスンニ派ですが、1970年から長期政権を維持したアサド大統領親子は、国内に1割しかいないアラウィ派に属し、政権の主要ポストもアラウィ派が占めていました。

アラウィ派はイスラム教特有の断食やモスクでの礼拝を行わず、スンニ派・シーア派双方から異端とみなされています。歴史的に主流派から迫害を受け続け、かつてはシリアの各宗派コミュニティの中でも最貧困のグループだったと言われます。

そのアラウィー派がシリアの政治の中で重きをなすようになったきっかけは、第1次世界大戦後にこの地をオスマン・トルコから奪った、フランスによる委託統治でした。

フランスはシリア近辺で主流派をつくっていたスンニ派アラブ人に政治権力を渡すことを望まず、あえて少数派であるアラウィー派を積極的に登用し、支配者である自分たちへの反感を、アラウィー派に向けさせたのです。

戦後、独立したシリアでは各勢力による反乱やクーデターが相次ぎますが、1970年のクーデターでアラウィー派のハーフィズ・アル・アサドをリーダーとするバース党穏健派が政権を奪取、以後30年にわたる長期政権を築きました。なおバース党とは、シリア・イラクなどアラブ諸国で広く活動する汎アラブ主義政党です。

2000年にハーフィズ・アル・アサド大統領が亡くなると、息子のバッシャール・アル・アサドが大統領に就任します。

しかし2011年3月、「アラブの春」の反政府運動によってチュニジア、エジプトで長期独裁政権が崩壊した直後、シリアでも大規模な反体制デモが発生。アサド政権との間で戦闘が始まります。

反体制派はスンニ派が中心で、当初「自由シリア軍」「国民評議会」「国民連立」等を結成して政権と戦いました。「アラブの春」を民主化運動とみなす西側欧米諸国は、アサド政権による運動弾圧を問題視して反体制側を支持しました。

しかし、アサド政権は軍部を掌握しており、簡単には倒れませんでした。さらに隣国レバノンのシーア派組織ヒズボラや、同じくシーア派のイランがアサド政権を支援。武器輸出などでかねて関係が深かったロシアも政権を支持します。

当初は反体制運動の広がりを恐れて静観していたサウジアラビアなどスンニ派諸国は、シーア派勢力がアサド政権を支援したことに反発し、スンニ派の反体制側の支援を開始します。

こうしてシリアの内戦もまた、スンニ派・シーア派の代理戦争の様相を呈することになったのです。

◆四方八方で対立を生むイスラム国の誕生

こうした混乱の中で、第3の勢力としてシリアで支配地域を広げていったのが、それまで主にイラク国内で反政府活動を行っていた、スンニ派系テロ組織・イスラム国です。

イラクの過激派組織は、隣国シリアがアサド政権と反政権派による内戦状態に陥ると、シリアへの関与を強め、シリアでの反政権派の武装闘争に参加するようになります。

シリアの反アサド政権組織から武器・戦闘員の提供を受けて勢力を拡張し、シリア空軍基地を制圧するとともに、シリアの油田地帯を支配して財源を確保し、シリアの過半を支配下に置き、カリフ国家「イスラム国」の樹立を宣言しました。

イスラム国はスンニ派の中でも、サウジアラビアで主流を占める厳格なワッハーブ派に近いと言われ、シーア派に対して強い敵対意識を持っています。

しかし同じスンニ派でも、反体制運動を恐れるサウジアラビア王家にとって、現政権の転覆や国境線の書き換えを公言する過激派のイスラム国は敵です。もちろんイランなどシーア派から見ても、イスラム国は敵以外の何者でもありません。

現状では、アメリカとスンニ派のサウジアラビアなどの有志連合がシリア上空からイスラム国を空爆し、その傍ら、イラクの地上ではアメリカが支援するイラク軍やイラン革命防衛隊が指揮するシーア派民兵がイスラム国と戦い、一方、イラク国内のクルド自治区やシリア北部ではクルド人がイスラム国と独自に戦闘を始めています。

4
イラク戦争後のイラクは混迷状態

◆イスラム国の源流を生んだイラクのシーア派政権

アメリカは長年、中東でイランと対立してきましたが、同じようにアメリカと長く対立してきた国がもうひとつあります。それがサダム・フセインのイラクです。

イラクは第1次世界大戦後の1932年、スンニ派のハーシム家を王とするイラク王国としてイギリスから独立します。

しかし1958年、軍部のクーデターによって王制は廃され、共和制に移行しました。その後、紆余曲折を経て、イラク国軍の司令官であったサダム・フセインが実権を掌握、1979年にイラク大統領に就任します。

フセインはスンニ派に属しており、１９８０年、イスラム革命直後のイランに侵攻、シーア派のイランとの間で8年にわたりイラン・イラク戦争を戦います。

さらにイラン・イラク戦争終結後の１９９０年には、かねて油田の権益をめぐって対立していたクウェートに侵攻。これを認めないブッシュ（シニア）政権のアメリカを中心とする多国籍軍との間に、湾岸戦争を引き起こします。

この戦いでイラクはクウェートから排除されますが、サダム・フセインはなおも政権を維持し、アメリカとの敵対を続けます。

１９８０年から20年以上にわたり、この地域ではアメリカがイラン、イラクと対立し、イランはアメリカ、イラクと対立、イラクはアメリカ、イランと対立するという、三極の対立構造が続いたのです。

しかし２００３年、先のブッシュ大統領の息子、アメリカのブッシュ（ジュニア）政権が大量破壊兵器疑惑を理由にイラクに侵攻、フセインを捕らえ、イラクに暫定政権を樹立しました。このイラク戦争によって、長らく続いたイラン、イラク、アメリカ3国のにらみ合いがようやく終わったのです。

その後、イラクでは２００５年末に議会と政府を選出する総選挙が実施され、２００６

年、シーア派の統一イラク同盟を主軸とする、ヌーリー・アル・マリキ政権が誕生します。このマリキ政権の政策が、イスラム国を生む原因となります。

もともとイラクでは、シーア派住民の割合が全体の50〜60％程度に達するとされ、国内多数派を形成しています。このため総選挙では、シーア派が政権を獲得したのですが、フセイン政権で抑圧されてきた反動もあって、マリキ政権ではシーア派優遇の人材登用が行われるようになります。

このため国内の雇用の受け皿となる軍や警察に、スンニ派の若者たちが就職することが難しくなりました。イラク戦争からの復興の過程で原油増産がもたらした富も、政権に近いシーア派の人々に優先して分配されていきました。

体制に不満を抱いたスンニ派イスラム教徒の間では、テロを繰り返す反体制武装組織への支持が広がっていきます。職もなく将来への希望も持てない若者たちにとって、過激派組織への参加は、現状を打開する数少ない選択肢となったのです。

こうして宗派間の対立が激化。イラク戦争後、イラクではスンニ派過激派によるテロが続出するようになりました。

現在、シリア・イラクで勢力をふるうイスラム国の源流も、イラクのスンニ派居住地域で発生した反アメリカ・反シーア派政権の過激派組織にあります。彼らは当初、イラク国内で反政府のテロ活動を行っており、その構成員を供給したのも、スンニ派住民が多いイラク西部や北部の地域だったのです。

◆政情が安定化すればイラクの資源開発が進む

イラクの原油確認埋蔵量は1500億バレルで、イランに次いで世界第5位であり、その埋蔵量は中東地域全体の約18%、世界全体の約9%に相当します。

イラクはイラク戦争後、原油を増産し始めましたが、国内の治安が安定していないため、あまり目立ってはいません。

問題のひとつは、イラク政府とクルド人との主権争いです。

イラクでは南部に5つの巨大油田が存在し、その埋蔵量はイラク全体の約60%を占めています。一方、クルド人が多く住む北部にも油田があって、その石油管理権についてクルド人の自治政府クルディスタンとイラク政府の間で争いがあるのです。

イラク政府はクルド自治政府による原油の直接輸出に難色を示しており、財政難を理由にクルド自治区への予算執行を停止するなど、資源の帰属をめぐる対立が解消されていません。これが原油増産の足を引っ張っています。

また2014年半ばからは、イスラム国がイラクで攻撃を開始し、北部のモスルを占領して、周辺の石油生産や製油所の操業がほとんど止まるなど、生産と輸出に深刻な影響が出ています。

いまのところイスラム国の攻撃は、イラクの原油輸出の大半を占める南部の石油生産には影響していませんが、イスラム国は石油の貯蔵タンクやパイプラインなどから石油を盗むほか、イラク内のパイプラインの破壊も行っており、すでにイラクとトルコを結ぶイラク・トルコパイプラインなどが損傷で使えなくなっています。現時点ではイスラム国の脅威にさらされていない南部油田でも、インフラ整備の遅れから、出荷能力拡大が進んでいません。

このようなマイナス要因がある中で、イラクでは原油生産量を2010年の日量249万バレルから2014年には328万バレルまで回復させています。2015年4月には輸出量が日量308万バレルと、過去最高を記録し、2020年までには現在の3倍の900万バレルまで引き上げることを計画しています。

イラクの原油確認埋蔵量から見て、外国企業からの投資が計画どおりに進めば、イランと同様、20年以内には、現在のサウジアラビアやロシア、アメリカなどに並ぶ、日量1000万バレルクラスの産油大国となりうるでしょう。

しかし、現在のイラクは国内の安定という点で、長く立憲君主制を続け、イスラム指導者の下で民主的な選挙が行われてきたイランとは、まったく異なる状況にあります。治安の回復どころか、イスラム国の台頭をきっかけとした内戦で、国家そのものがシーア派、スンニ派、クルド人の3地域に分裂しかねない危機に瀕しています。

原油生産の回復にはイスラム国の掃討が前提になり、時間がかかりそうです。海外からの投資が従来の計画どおりに進むかどうかは、いまのところ疑問です。

イラクはまた、イランほどではありませんが、天然ガスの資源も持っています。

イラクの天然ガス確認埋蔵量は3・6兆立方メートルで、これは世界10位にあたります。2012年には、国内で天然ガスを205億立方メートル生産しています。しかしその多くは石油生産の際に放出される随伴ガスで、58%がそのまま大気中に放出されたり、焼却処分されています。これはイラク国内に天然ガスを利用するためのインフラがないためです。残りの42%の天然ガスも、国外に輸送する手段がないため、すべて国内で消費されています。

仮に国内の混乱が収まり、イランに加え、イラクまでが海外に本格的に原油と天然ガスの供給を始めたら、原油、天然ガスともに世界的な供給過剰になることは確実でしょう。

◆無政府状態のリビアでは原油生産が不安定

イラクと同様に、国内の混乱で原油の生産が妨げられているのがリビアです。

リビアも第2次世界大戦後、王国として独立しましたが、1969年にクーデターにより王制が廃止され、ムアンマル・アル・カダフィを元首とする共和国となりました。この当時のリビアは日量300万バレルの生産量を誇り、世界有数の産油国でした。

しかし新たに元首となったカダフィが国際的なテロ事件を繰り返し行ったことから、国連による制裁を受け、生産量は低下していきます。

2011年、「アラブの春」の影響を受けたリビア国民評議会がカダフィに反旗を翻すと、政権との間に内戦が勃発。NATO（北大西洋条約機構）が国民評議会側について軍事介入したことで、反乱軍は勝利し、カダフィは殺害されます。

この頃までは、リビアは最盛期には及ばないものの、日量150万バレル以上の原油生産を維持していました。

カダフィの死後、総選挙が実施されますが、政権は安定せず、2013年頃から各地でイスラム系武装勢力が反政府活動を開始し、内戦状態に突入しました。

2015年現在、リビア国内はトリポリを拠点とするイスラム系の「新国民議会」とトブルクを拠点とする世俗派の「リビア国民代議院」に分断され、イスラム神秘主義のサヌーシー教団の影響が強い東部では、それとは別に自治政府「キレナイカ暫定評議会」により統治されています。ほかにイスラム国やアルカイダなどイスラム過激派も拠点を持つなど、実質的に無政府状態にあります。パイプラインや石油関連施設が各勢力によって封鎖された結果、生産量が大きく低下し、現在は日量30～80万バレルと安定していません。

このリビアも、仮に治安が回復して原油の輸出が本格的に再開されれば、供給過剰の一因となるかもしれません。しかし、現在のところ混乱が収束する見通しは立っていません。

5 孤立するイスラエル

◆イラン合意を絶対に認めたくないイスラエルの事情

２０１５年３月の議会選挙の結果を受けて発足したイスラエルの新ネタニヤフ政権は、中道左派政党が連立に加わっていた前政権とは異なり、ナショナリズム色が強い連立政権となっています。

政権を担っているのは、ベンヤミン・ネタニヤフ首相が党首を務める第１党の右派政党「リクード」、極右政党「ユダヤの家」、中道右派「クラヌ」、宗教政党「シャス」および「ユダヤ教連合」の５つの政党です。政権内では極右の「ユダヤの家」の影響力が強まっており、イスラエルはイランやパレスチナに対して、非常に強硬な外交姿勢をとり続けています。

イスラエルは自国の安全保障にとって、イランを最大の脅威とみなしています。イランは核兵器開発を進めているだけでなく、反イスラエルを明言しており、またハマスやレバノンのシーア派組織に武器や資金を提供してもいるからです。

イスラエルは今回の「P5＋1」の6カ国とイランの合意により、アメリカが核開発問題でイランに歩み寄ったことを強く非難しています。

ネタニヤフ首相は、「イランが核兵器を持てば、それを使ってイスラエルを攻撃してくる。イランが核開発の放棄を約束するまで、経済制裁を強化すべきだ」という主張を繰り返し、これまでイランの核開発に関するあらゆる譲歩に反対してきました。

「イランはイスラエルに対する生存上の脅威であり、イスラエルが存在する権利を認めることが前提条件であるべきだ」とし、イランがイスラエルの存在を認めない限り、いかなる合意も結ばないようアメリカ政府に訴え続けていたのです。

しかし、反イスラエルを国是とする、イランの最高指導者アリー・ハメネイ師が、イスラエルの生存権など認めるはずもありません。ネタニヤフ首相自身、そんなことは百も承知だったはずです。ハメネイ師は、2014年にイランの新年のお祝いの演説で、「ホロコーストは実際に起こったのかどうかはっきりしない」という趣旨の発言をしたほど、筋金入りのイスラエル嫌いで知られている人物なのです。

実際には、もちろん6カ国側はイスラエルの生存権などを持ち出すことはありませんでした。イスラエルの意見を無視して両者の間で合意がなされると、ネタニヤフ首相をはじめネタニヤフ政権の閣僚全員が、「バラク・オバマ大統領はイスラエルを裏切った」と非難したと言います。

中東和平を仲介しようとするアメリカのオバマ政権は、右派色が強まったネタニヤフ政権に対し、警戒感と失望感を強めています。

◆アメリカはイスラエルよりもイランを選んだ

おもしろいことに、イランの核兵器開発問題に関しては、イランと同様にイスラエルの生存権など認めていないサウジアラビアも、6カ国による合意に疑問を抱いています。

スンニ派とシーア派が争うシリアやイエメンで、イランと敵対するサウジアラビアは、今回の合意について否定的なコメントこそしていませんが、「イランの核兵器開発の意図は、決定的な報復能力を手に入れて、アメリカによるイランへの攻撃を阻止することだけでなく、核兵器による威嚇で国境を越えた影響力を中東全域に及ぼそうとすることにある」と疑っているのです。

また、サウジアラビアを含めたペルシア湾岸の産油国は、潜在的に大きな生産力を持つイランの原油が自由に輸出されることになれば、すでにシェールオイルの出現で価格下落が著しい石油相場がさらに弱含みになることにも恐れを抱いています。

アメリカが、これまで中東における盟友であったイスラエルやサウジアラビアとの関係を犠牲にしてもイランに接近しているのは、中東だけではなく世界のパワーバランスを考えているからです。

私の予想では、今後もオバマ政権はイランとの関係改善を進め、イスラエルやサウジアラビアに対しても、イランとの関係改善を促すはずです。

ネタニヤフ政権の基盤は盤石ではありません。国会120議席のうち、連立与党は61議席であり、辛うじて過半数を維持しているにすぎません。しかもイスラエル国内は不景気で、高い失業率や不動産価格の高騰などにより国民の不満が高まり、政権の支持率は落ちてきています。

ネタニヤフ政権はイランへの制裁解除に反対し、核施設への先制武力攻撃を主張しているのも、それが要因になっています。国外の敵をことさら強調して、これを叩くことで求心力を高めようとしているのです。

◆アメリカがイスラエルを見捨てることもある

ネタニヤフ政権の攻撃的姿勢は以前から明らかですが、実際には先制攻撃のような事態は起こらないでしょう。オバマ政権のアメリカがイスラエルによる攻撃を支持していないからです。

6カ国とイランとの間で、核問題についての最終合意がなされたいまの段階で、戦争を起こしたがっているのは、ロシアのほかにはイスラエルだけです。欧州各国およびオバマ政権は「ネタニヤフは中東で新たな戦争を始めようとする危険人物である」としか見ていません。

イスラエル国民が懸念すべきは、ネタニヤフ首相の発言に対して、欧米社会ではアメリカの共和党の一部以外、誰も耳を傾けていないという事実です。親イスラエルのユダヤ系アメリカ人も、全員がイランとの和解に反対しているわけではありません。ネタニヤフがあくまでイラン攻撃を主張するなら、アメリカは現政権を見放すことになるでしょう。

アメリカがイスラエルの懐柔に失敗したら、おそらくネタニヤフ政権は崩壊するだろうと、私は予想しています。１２０議席のうち61議席しか持っていないということは、どこかひとつの政党をひっくり返すだけで与野党が逆転してしまうことになるからです。イスラエル経済はかなり疲弊しているので、アメリカ政府がその気になれば、政局をひっくり返すことは簡単にできるでしょう。

もともとイスラエルは、アメリカにとって中東における強力な手駒のひとつです。ネタニヤフ政権が崩壊して、新しい政権が中東の安定のために妥協してくれるのであれば、アメリカにとってそれがベストな選択肢となるはずです。

6 イスラム過激派の牙城となるアフリカ

◆アフリカの資源国は大ダメージを受ける

アフリカはエネルギー資源価格の低落で、マイナスの影響を強く受ける地域のひとつです。

世界有数の産油国であるナイジェリア、石油と天然ガスを産出するアルジェリア、金、ダイヤモンド、プラチナ、ウランを産する南アフリカなど、アフリカで経済的に発展している国々は、ほぼ例外なく資源国です。ピラミッドやスフィンクスなどで有名なエジプトも、実はアフリカ有数の石油・天然ガスの産出国なのです。

ロシアとブラジルに典型的に見られるように、国内に石油などのエネルギー資源を持つ国は、ややもするとその資源から得られる収益に財政や経済が依存してしまい、製造業などそれ以外の産業が育たなくなってしまいます。

資源頼みの経済の問題は、「いずれはなくなる」ということと、「市況次第で収入が激変し、安定しない」ということです。

アフリカはロシアなどと同様に、天然資源や輸出用作物の価格が高いときは経済が順調で、価格が下落すると各国政府の財政破綻などで大きな混乱が起きるというサイクルを、過去何十年も繰り返してきました。第2次オイルショック後、1980年代に原油価格が下落した際は、ナイジェリア、エジプト、アンゴラ、アルジェリア、モロッコ、南アフリカなどが財政破綻し、2000年前後にかけて原油価格が下落したときにも、ナイジェリア、ケニア、コートジボワール、ジンバブエなどの政府が財政破綻しています。

それに対して、資源価格の右肩上がりが続いた2002～2013年までの12年間は、アフリカの年間平均成長率は5％に達し、中でもとくに資源価格が高騰した2002年から2008年にかけては6・4％と、過去最高の高成長を記録しています。

このように資源価格が上昇しているときはいいとして、その間にほかの産業を育てる努力をしていないので、資源安になったときにどうにもならなくなってしまう。それがこれまでのアフリカでした。

2014年夏以降の資源価格の下落でも、アフリカ経済は大きなダメージを受けています。2014年の経済成長率は4・5%に低下し、2015年には世界銀行の予測で4・0%と、一段と経済成長が減速する見通しです。

◈過激派組織を育てるアフリカの土壌

もともとサハラ以南のアフリカは、世界の最貧困地域のひとつです。1日あたり1・25ドル以下で暮らす人の数は、過去25年間で世界のあらゆる地域で減ってきましたが、サハラ以南のアフリカだけでは増えています。経済の悪化は、国民の生活苦を生み、体制への不満を強め、暴動を頻発させ、治安を悪化させます。それは過激派組織のつけ入るところとなります。

アフリカではすでにボコ・ハラムやアル・シャバーブなどのイスラム系過激派組織の活動が活発化しつつあります。人々の貧しさと貧富の格差、政治の腐敗、そこから来る人々の憤りこそ、過激派組織を育てる土壌を形づくっていくのです。

武装組織は麻薬取引などの違法行為で活動資金を稼ぐと同時に、政府に不満を持つ若者たちを構成員として勧誘しています。もし中東で内戦が終わって平和が戻り、各国の過激派組織の掃討が本格化してきたら、中東を逃れてアフリカに拠点を移す組織が増えてくるでしょう。

そうなれば、それでなくとも悪いアフリカの治安はさらに悪化し、海外から進出してくる企業も減ってしまいます。

２０１３年1月、アルジェリアで日本のプラント企業・日揮の日本人社員10名を含む外国人41名が人質として拘束された事件も、アルカイダ系のイスラム過激派組織による犯行でした。

アフリカの中では経済先進国で、民主化にも成功していると言われているチュニジアでさえ、２０１５年3月には首都チュニスの国立博物館で武装した2人組が外国人観光客を襲い、22名が死亡していますし、同年6月には保養地のスースで、イギリス人、ドイツ人、ベルギー人などの観光客らが銃撃され、死者39人に達するテロが発生しています。

産油国のナイジェリアは、アフリカ一の経済大国ですが、私の知人が訪れたときには、常にセキュリティサービスが同行していたそうです。

◆エネルギー価格の低下で過激派組織が増加する

そうした危険があっても、貴重な資源があれば、少ないながらも企業はやってきます。アフリカにはボツワナの白金やザンビアのコバルト、マラウイのレアアースなど、天然ガスやエネルギー以外にも貴重な資源を持つ国があります。そういった資源の獲得のために早くからアフリカ東部に進出していたのが、中国の企業です。

中国は2000年代に入ってアフリカへの経済的な進出を進め、スーダンで油田権益を獲得したり、人権問題で先進国が開発援助を凍結していたアンゴラに財政支援を申し出て、やはり油田の開発権を得ています。

過去10年間で100億ドルを超える投資をアフリカで行い、中国とアフリカの間の貿易額は2000年の100億ドル程度から2013年には2000億ドル（約24兆円）と、飛躍的に伸びました。アフリカにとって中国は、貿易相手国のトップとなっています。

その一方で、中国企業は現地の労働力をあまり使わず、中国人ばかりで固まって進出するので、現地の人たちからはあまり好かれておらず、しばしば誘拐などトラブルに巻き込まれることも増えています。

そんな状態で資源価格が下がってしまえば、企業がアフリカに進出しようというインセンティブは著しく低下します。企業活動の停滞は、経済のさらなる減速と低迷、そして治安の悪化をもたらします。

すでにイスラム過激派によるテロの脅威はアフリカ全土に拡大していますが、資源価格の下落による経済の混乱で、過激派がアフリカ各国の民族・宗教の対立に乗じ、統治が弱まった地域を支配し、増長していく恐れは十分にあるのです。

7 サウジアラビアとイランの和解はあるか

◆サウジアラビアの内情につけ入るアメリカ

現在、アメリカによるイランとの和解が進んでいるのに対し、サウジアラビアは公に反対してこそいませんが、強い懸念を抱いています。

サウジアラビアとイランの対立の底には、先に説明した千数百年に及ぶスンニ派とシーア派の争いがあります。サウジアラビアの現政権は、ことさらにイランの脅威を強調して、国内の求心力を保とうとしているようにも思われます。おそらく「アラブの春」の影響で、国内の反乱や暴動をかなり警戒しているのでしょう。

とはいえ、サウジアラビアにとって、アメリカの後ろ盾は自国の安全保障上、絶対に欠かせないものです。アメリカがイランと和解すれば、おそらくアメリカの仲介で、イランとサウジアラビアも和解の方向に向かうのではないでしょうか。

ペルシア湾岸諸国ではいま、原油に頼らない産業をつくり出そうと懸命です。サウジアラビアも若い世代の教育には注力していますが、現状では学校を出ても十分な就職先がありません。この状態を変えるには、外資を入れて経済構造を改革していくしかありません。

サウジアラビアは近い将来、海外投資家が自国企業の株式を買うことを解禁する計画を持っています。ほかの面でも、今後は外資への開放が進んでいくでしょう。欧米からの外資を受け入れ、産業構造を転換して、成長産業をつくり出す。原油に依存しない産業構造に変えていき、雇用を安定させていきたいわけです。

その意味では、アメリカとサウジアラビアの思惑は一致してくるはずです。サウジアラビアを説得するとしたら、「中東の治安の回復がなければ、経済の発展は成し遂げられない。経済が発展しなければ、やがて国民の不満から王政が維持できなくなる」というロジックになるのではないでしょうか。

◆シーア派とスンニ派の千年戦争が終わる可能性

サウジアラビアは現在の王家の体制を絶対に守りたいと考えています。体制の維持には、経済の活性化に優るものはありません。体制維持のためにイランがアメリカに歩み寄ったように、サウジアラビアも原油価格の低下という事実を受け入れて、イランに歩み寄らなければならない局面が訪れるでしょう。

その代わりにアメリカは、サウジアラビアの王族政権による人権侵害問題や民主化については、何も言わなくなるでしょう。「王政のままでいい。産業の育成も助けよう。その代わりイランと仲良くやってくれ」というアプローチになるはずです。私はそういったところが、ひとつの妥協点になってくるのではないかという気がします。

サウジアラビアとしてはスンニ派の盟主としての立場上、すぐにイランと握手して仲直りするわけにはいきません。しかし、とりあえず自分たちから争いを仕掛けるようなことはやめます。イランの脅威をことさら強調するようなこともやめます。そうすることが、事実上の永久的な休戦状態に向かう道筋になるわけです。

イラン側もそこで、暗黙の了解を受け入れて、シーア派の過激派組織と距離を置く。そうなれば、イスラム国掃討にしても、両派が協力できるわけです。

スンニ派のサウジアラビアとシーア派のイランがその点で合意できれば、7世紀以来のシーア派とスンニ派の千年戦争が休戦に向かうことになります。そうなれば周辺国における宗派の代理戦争もなくなり、中東全域が政治的に落ち着いてくるでしょう。

現在の中東は、自爆テロが頻発する、命が非常に軽い世界です。これまで説明してきたようないくつもの対立軸があって、世界の火薬庫になっているわけですが、アメリカとイランの和解が成立すれば、その対立構図の中の大きな軸がひとつなくなります。

政治的に安定すれば、中東自体がアジアに続く経済のニューフロンティアになってくるポテンシャルは十分にあります。

8 21世紀版のウェストファリア条約を

◆中東と同じような国際紛争は昔からあった

紀元前後のローマでは、内乱が100年も続き、みなそれに疲れて、共和制から帝政へと、統治体制を変えることを決断しました。

ローマ共和制の理念からすると、オクタビアヌスの独裁に近い帝政は、決して望ましい体制ではなかったはずです。しかし、それをやらないと、もう内乱が収まらない。平和のために、誰であれ強力な支配者を置く必要がありました。そこで、ローマ市民あるいはローマの指導者層は、共和制から帝政への移行を許容したのです。

17世紀のヨーロッパにおける「ウェストファリア条約」も同じです。かつて16世紀から

17世紀のヨーロッパでは、キリスト教の信者たちがカトリックとプロテスタントに分裂して争い、1世紀以上にわたっていくつもの紛争や戦争を繰り返していました。この戦いは17世紀に入って一段と激しさを増します。その代表的なものが、いわゆる「三十年戦争」です。

この三十年戦争は、一般には両派の宗教戦争と捉えられていますが、実際にはスペインの支配を逃れようとするオランダなど、宗教の違いに名を借りた民族独立の戦いという側面を持ち、また一方では、ヨーロッパにおける覇権を確立しようとするハプスブルク家と、それを阻止しようとするフランスなど周辺諸国との間の国家間戦争という側面もありました。

カトリックとプロテスタントという宗派の争いに、王と諸侯の権力をめぐる争い、民族独立の戦い、国家と国家の勢力のぶつかり合いが加わり、神聖ローマ帝国を舞台に、果てしない戦闘が続いたのです。いまの中東と似たような状況にあり、長い戦争によってヨーロッパ全域が荒廃し、人々の生活も疲弊していったわけです。

1世紀にわたってヨーロッパ中で戦争が続いて、人々はみな疲れ果ててしまいました。ですから、歴史的な和解を成立させることができたのです。「ウェストファリア条約によって、近代の外交が始まった」と言われるのも、カトリック側がプロテスタントの存在を公に認めるなど、普通なら考えられないような妥協がそこで成立したからなのです。

カルバン派の公認、オランダの独立、神聖ローマ帝国の解体といった問題を、ウェストファリア条約で包括的にまとめることができ、それによって、プロテスタントとカトリックの血みどろの争いが終わりました。

◆中東紛争を解決するチャンスがやってきた

ウェストファリア条約の締結以降、キリスト教徒同士でヨーロッパ中を巻き込むような宗教戦争はなくなりました。もちろん、イギリスとスペインの海上の支配権争いやナポレオン戦争のような、世俗的な争いはその後もあったわけですが、カトリックとプロテスタントの間で、本格的な戦争が行われなくなったことは、非常に意義が大きいと思います。

紀元前後のローマや、その後の17世紀の西ヨーロッパで起きたのと同じことが、6カ国とイランの合意をきっかけに、これから中東で起きてくることも十分に考えられます。

サウジアラビアとイランの両大国が和解することができれば、スンニ派とシーア派の歴史的な融和が進む可能性があるのです。

サウジアラビアやイスラエルがイランの脅威を強調し過ぎているだけで、イランの国民は戦争など決して望んではいないはずです。彼らは豊かになることを望んでいるのであり、一度豊かになってしまったら、戦争なんてばかばかしくて誰も支持しなくなるものです。宗派的争いが起こる最大の要因は、宗派の違いなどではなく、貧困と失業にあるのです。宗派的な争いは、経済的な豊かさには勝てません。

現在、アメリカを中心にした有志連合による、イスラム国の撲滅作戦が進んでいますが、テロ組織の増殖を防ぐ上で戦闘以上に大切なことは、中東の経済を活性化して、とりわけ若い世代に職を提供していくことです。無職で貧困に苦しむ若者たちを放置する限り、テロや内戦を収束させることは困難です。

経済の発展のためには、まずは内戦の収束と平和の維持が欠かせません。そのためにも、イランをめぐる中東のいくつもの対立軸を、まずアメリカとイランの和解を切り口として解きほぐしていく必要があるのです。

いまやシェール革命でサウジアラビアやロシアと並ぶ原油生産国となったアメリカにとって、もはや中東における中核的な利益は「石油の安定した確保」にはなく、中東という火薬庫から世界に紛争が拡大していかないよう、この地域の人々が平和に暮らしていける秩序と平和を保つことにあります。

21世紀版のウェストファリア条約によって、中東で国家間の和解、宗派間の和解を進める。これまで中東に紛争の火種を撒いてきた欧米諸国こそが、それを担保しなくてはならないのです。

第5章

新しい世界秩序が日本に何をもたらすか

1 エネルギー価格の低下が、日本経済復活の狼煙となる

◆電気代が高い日本にはチャンスがある

これまで、イランの国際社会への復帰をきっかけに、今後はエネルギー価格の長期的な低迷が続き、それによって世界のパワーバランスにさまざまな変化が生じることを述べてきました。

本章では、このエネルギー価格の低下が、日本と日本人の暮らしにどのような影響を与えていくかを、経済的観点と政治的観点から見ていきます。

ご存じのとおり、日本はエネルギー資源をほぼ100パーセント、輸入に頼っています。

そのエネルギー資源価格の低下は、日本経済に計り知れない恩恵をもたらします。

アジアの中でも日本はインドと並んで、エネルギー価格の低下でとくに大きなプラスの影響を受ける国なのです。その理由のひとつは、日本が先進国の中でも、電気料金が高く、引き下げる余地が大きいということです。

日本の電気料金は、東日本大震災後に跳ね上がりました。

東京電力が発表している家庭用の「平均モデル」の料金で比較すると、震災が発生した2011年3月は6251円だった電気料金が、天然ガス（LNG）価格が高止まりしていた2014年6月分には8567円と、37％も上がっています。

値上げの理由としては、2012年9月以降、沖縄電力を除く全国の各電力会社で実施された「原子力発電所の停止等に伴う燃料費の増加」を理由とする料金改定のほか、2011年4月から導入された「太陽光発電促進付加金」、2012年8月に導入された「再生可能エネルギー発電促進賦課金」、2014年5月分からの消費税率引き上げなどがありますが、中でも最も影響が大きいのが「燃料費調整制度」による、エネルギー資源価格の上昇を反映した値上がり分です。

燃料費調整制度とは、火力発電の燃料となる天然ガス・原油・石炭の価格変動を自動的に電気料金へ反映する仕組みです。2011年3月と2014年6月の料金の差のうち、燃調による部分は1597円と、値上がり分の70％近くを占めています。

東京電力の場合、電気料金の原価に占める燃料費の割合が40％以上あり、原発停止や再生可能エネルギーの拡大に伴う負担増の影響よりも、エネルギー資源価格の高騰と円安の影響のほうがはるかに大きいのです。

とくに産業用電気料金は、先進国の中でもトップクラスに高く、アメリカや韓国の2倍以上です。震災以前と比較した電気料金も、産業用は家庭用以上に値上がり幅が大きく、2014年時点で2011年のおよそ40％高となっています。

もともと日本の電力は、戦時中に源流を持つ「9プラス1」と呼ばれる地域独占体制を続けており、電気料金は「発電コスト＋α」で決まる、コスト積算方式を採っています。この方式では電気料金について競争原理が働かず、発電コストを下げようというインセンティブもありません。日本で先進国でも突出した高い電気料金がまかり通っているのは、こうした前時代的な制度の問題も大きいのです。

◆エネルギー戦国時代に突入し、電気料金は下がっていく

しかし近年は、日本でもこの独占体制を見直し、発電する企業と送電網を分離して、国内の電気の販売に市場原理を取り入れようという流れになってきています。

まず1995年に発電事業が自由化され、大手電力へ電気を卸売りする独立系発電事業への参入が可能となりました。電力の小売については、1999年5月の電気事業法改正により、2000年3月から2005年4月にかけて、まず工場など高圧分野で解禁され、これにより「新電力」と呼ばれる特定規模電気事業者が誕生しました。2003年には中規模需要家向けの小売りが自由化され、大規模マンションなどで従来の電力会社から新電力に乗り換える動きが始まっています。

さらに2015年6月、電気事業法の改正により小口の電力市場も開放され、2016年4月からは全面的な競争が始まる見込みです。

発送電の分離については、同じ2015年6月の電気事業法改正により、2020年4月に大手電力会社に対して、送配電部門の分社化が義務づけられました。家庭向けの電気料金を認可する現在の電気料金制度も、2020年以降に撤廃する方向となっています。

こうした将来的な工程表について、衆院・参院とも自民党単独で過半数を確保している状況から、予定通りに改革が進行するものと見られます。大手電力会社による電力販売の独占と認可制の電気料金という戦後70年続いた体制が、いよいよ終わろうとしているのです。

同じ２０１５年６月には改正ガス事業法も成立しており、２０１７年４月に都市ガスの小売市場を完全自由化し、また東京ガスなど都市ガス大手３社に対して、２０２２年４月にガス導管部門の分社化が義務づけられました。

発送電の分離と電気の小売自由化については、アメリカなどはずっと以前から実施しており、いまでは家庭ごとにガスや電話料金などとのセット販売が一般化しています。

新電力の最大手エネット社なども、もともとＮＴＴ、東京ガス、大阪ガスが組んで設立した企業ですし、関西電力がＫＤＤＩと電気と通信のセット販売を計画するといった動きもあって、日本でも電力とガスや通信とのセット販売が広がりそうな勢いです。携帯電話会社やガス会社など、すでに料金請求システムを完備している大手企業が軸となり、ＮＴＴ、ＫＤＤＩ、ソフトバンク、東京ガス、大阪ガスなどと、商社やＪＸなどが組む形になることが予想されます。

いわばエネルギー戦国時代の始まりです。エネルギー資源価格の低下と小売の自由化により、日本の電気料金は劇的に下がり、企業や一般市民への恩恵も、他の先進国よりも大きくなることが期待できます。

◆アメリカの要請から原発はやめられない

また2015年年末以降、東日本大震災後に完全に停止していた原子力発電所が徐々に再稼働を計画しており、こちらも電力コストの低下要因になります。

2015年5月に経産省の総合資源エネルギー調査会でまとめられた、2030年時点の原発の発電コストは、2011年試算の「8・9円以上」を大きく上回る「10・3円以上」となりました。これは福島原発事故による追加の安全対策費用や事故対応の費用を発電コストに算入したためですが、一方では原発事故が起きる確率を2011年試算時の「約40年に1回」から、「新基準に基づいて原発に安全対策を講じれば、事故の発生確率は下がる」として「約80年に1回」と半減させており、恣意的な試算という印象は拭えません。廃炉や使用済み燃料の処分費用まで含めた原子力発電のコストが、果たして経産省の試算のように将来的に火力発電を下回るかどうかはきわめて疑問ですが、とはいえ、未稼働の原発が稼働することで、火力発電所の発電量が減り、その分の燃料費が節約できるので、当面の電気の原価は下がることになります。

東日本大震災による福島の原発事故で、日本では反原発の動きが強まりましたが、それによって原発がなくなるということはないでしょう。日本が原発を維持するのは、それがアメリカ側の強い要望でもあるからです。

現在のアメリカでは、価格が劇的に安くなった天然ガスを使うガス火力発電所の建設が進められており、原発は発電コストで火力に対抗できないため、建設計画はすべて白紙撤回されている状況です。オバマ政権は、誕生当初は地球環境保全のため原発の推進に積極的でしたが、シェール革命による化石燃料のコスト低下に加え、福島の原発事故で安全面に疑問符がついたこともあり、すっかり原発推進の意志をなくしてしまったようです。

国内に原発の新たなマーケットがなくなってしまったアメリカは、それでも原発の技術については維持したいと考えており、その点で日本に期待しているのです。

現在、アメリカを代表する原子力企業は、ＢＷＲ（沸騰水型原子炉）を得意とするＧＥは原子力部門を日立と統合し、ＰＷＲ（加圧水型原子炉）のリーディングカンパニーであるウェスティングハウスは、東芝の傘下に入っています。

日本ではほかにも三菱重工がフランスのアレバと提携していますが、これらを除けば、世界の主だった原子炉メーカーは、ロシア国営のロスアトム、中国国有の中国核工業集団公司（ＣＮＮＣ）、ほかには韓国の斗山重工業くらいしかありません。

アメリカとしてはロシアと中国という旧共産圏に原発技術を独占されることは望ましくなく、できれば自国企業と協力関係にある日立と東芝にがんばってもらって、技術の維持を図りたいわけです。

といっても日本でも、今後は原発を新設して発電量に占める割合を増やしていくという考えは非現実的でしょう。コスト面の問題もさることながら、使用済み燃料の処理については、そもそも処理後に保管する場所すら決まっていません。現在、安倍政権が掲げているとおり、再稼働が徐々に進められていますが、国内の電力に占める原発の割合は、老朽原発の稼働停止とともに、少しずつ下がっていくことになるだろうと予想されます。

◆コスト高の再生可能エネルギーが増えても、電気料金は半値になる

以上は電力コストの低下要因ですが、一方、上昇要因としては、民主党政権時代に制定された「再生可能エネルギー特別措置法」による、再生可能エネルギーの固定価格買取制

度があります。

この法律では、太陽光、風力、バイオマスといった再生可能エネルギーで発電した電力は、最長で20年にわたり固定の買取価格で電力会社で買い取ることが決められました。とりわけ太陽電池による電力の買い取り価格は、２０１２年度の場合で非住宅用が１キロワット時（ｋＷｈ）あたり40円と、10円前後とされる火力発電の発電コストに比べ非常に高く設定されています。

発電事業者から電力を買い取る電力会社では、電力料金に「再生可能エネルギー発電促進賦課金」を上乗せして、再生可能エネルギー買い取りのコストを消費者に転嫁しています。家庭用でも産業用でも、また電力会社以外の新電力から電気を購入する場合でも、電気料金には必ず賦課金が上乗せされています。

この賦課金の額は毎年度改定され、再生可能エネルギーによる発電量の増加に合わせ、倍々ペースで高くなっています。２０１５年度の単価は電力１ｋＷｈ当たり１・58円と、２０１４年度の０・75円の２倍以上に上がりました。平均モデルの家庭での負担額は２０１５年度で１カ月当たり４７４円、日本全体の賦課金の総額は１兆３０００億円を超える見込みです。

再生可能エネルギー固定価格買取制度による各家庭や産業界の負担増については、すでにドイツなどヨーロッパ諸国では大きな問題になっていますが、今後、この制度によって誕生したメガソーラーと呼ばれる太陽電池発電業者の発電量が増えるにつれ、日本でも高額な買い取り価格のコストが需要者に転嫁され、電気料金の押し上げ要因となってきます。

政府は2015年6月、「2030年度の望ましい電源構成案」を発表しました。それによれば、原子力発電は、老朽原発の稼働延長を前提に全体の20〜22%、太陽光発電や風力発電などの再生可能エネルギーはそれを上回る22〜24%となっています。

再生可能エネルギーの割合は、2013年度では4・7%程度ですが、コスト的な問題に加えて、電力の安定供給の問題もあり、すでに電力会社が新規の風力発電や太陽光発電の電力の受け取りを拒否するケースも出ています。こうした問題は今後、再生可能エネルギーの割合が高まるにつれて急増すると考えられ、政府目標の達成にはかなりの困難が伴うでしょう。私は現実には日本でも、今後、コスト低下が見込めるガス火力発電の割合が増えていくものと予想しています。

再生可能エネルギー増加という値上がり要因を考慮しても、電気料金が下がっていくことは確実です。私の予想では、震災後、最も高かった2014年6月に比べて、今後10年で半額以下まで低下していくことになるでしょう。

◆日本企業の競争力はどんどん上がっていく

企業、中でも製造業が生産基地を置く場合に判断の基準となる生産コストは、第1に人件費、第2にエネルギーコスト、第3が法人税率です。中でも人件費とエネルギーコストは企業の生産地決定に大きく影響します。

人件費については、日本では賃金が1997年をピークに長らく低下傾向にあり、2013年以降の円安により、国際比較ではかなり安くなってきました。日本貿易振興機構（ジェトロ）の調査によれば、2014年年末時点の製造業の一般ワーカーの月額基本給は、東京の2373ドルに対し、シドニーが3721ドル、韓国ソウルが1793ドル、北京が564ドルとなっており、日本のおよそ4分の1という中国の安さが目立ちますが、管理職クラスになると、東京の4227ドルに対し、シドニー6535ドル、ソウル3439ドル、北京1675ドルと、中国も日本の4割近くまで上がってきています。

日本の賃金が今後、少ないながら上向くとしても、インドやインドネシアで法定最低賃金が前年比2桁引き上げられているように、新興国での賃上げの動きのほうが早いため、差が縮まっていくことは間違いありません。

法人税については、ヨーロッパやアジア各国では実効税率で20％台が一般的である一方、日本では財務省調査による標準ケースで実効税率34・6％と、州により40％台に達するアメリカと並んで、国際的に最も高い水準となっています。

安倍政権では法人税について、当面2015年度に2・51％、2016年度には2014年度に比べて3・29％以上引き下げるとしています。その後も引き下げの方向にあることは間違いなく、この点でも企業にとって生産地としての日本の魅力が上がってくることになります。

これにエネルギーコストの低下、とりわけ電力料金の低下が加われば、円安による製造業の日本回帰の流れにさらなる追い風が吹くことになるでしょう。

コンサルティング会社のボストン・コンサルティングは、2014年8月のレポートで世界各国の生産コストの過去10年間の変化を比較し、「シェール革命によってアメリカの生産コストが大きく低下し、人件費の上昇が続く中国と大きな差がなくなってきた」と推測しました。同レポートによれば、アメリカを100とした場合の中国の生産コストは96と、4ポイントしか違わないとされています。これに対して日本の生産コストは、2004年の107から2014年に111と、過去10年で4ポイント上昇していますが、その上昇分のほぼすべてはエネルギーコストの高騰によるものです。

今後予想されるエネルギーコストの低下は、もともと日本に立地する輸出企業の生産コストを下げて輸出による利益を拡大させるとともに、企業の日本回帰の動きを呼び込んで、雇用の面からも日本経済を下支えしてくれることになるでしょう。

◆日本国民全体の実質所得は増えていく

エネルギー価格の低下は、企業活動だけでなく国民の生活にも恩恵を与えます。電気代、ガス代、ガソリン代、灯油代など、生活に欠かせない各種のコストが下がっていくことは、減税と同じ効果を家計にもたらします。つまり可処分所得が増え、実質所得が上がるということなのです。

これは人々の生活の質を向上させ、経済的には消費を拡大させる効果を発揮します。

これまでのアベノミクスでは、円安による輸入物価の上昇と消費税増税により、国民の実質所得は大きく下がっていました。それが2014年の実質成長率のマイナスへの転落を生んだのです。しかし、エネルギー資源価格の低下は、そうしたアベノミクスの負の遺産をある程度は払拭してくれるでしょう。

エネルギーコストの低下は、日本の経常収支の改善を通じて、1700兆円と言われる日本の金融資産が海外に流出するのを抑える作用もあります。家計の金融資産は政府の税収を担保するものでもあり、財政にもよい影響を与えると言えます。

2 日本は人口減少社会を乗り越えることができる

◆年金支給年齢の引き上げで、人口減少問題は解決する

日本では、国民の多くが日本経済の先行きに悲観的になっています。

日本ではこれから高齢化と人口の減少が並行して進んでいきます。総務省の推計による2015年の日本の人口は1億2701万人ですが、これに対して、国立社会保障・人口問題研究所では、日本の人口は2030年には1億1662万人と、現在より1000万人以上減少し、2050年までには1億人を割り込むと予想しています。

2010年から2060年までの50年間で、人口は32％減、15～64歳の生産年齢人口は45・9％減、その中で65歳以上の老年人口だけが17・5％も増加すると予測しているので

す。多くの人がこの数字だけを見て、「将来の日本では市場が縮小し、労働人口も減って、経済成長はマイナスになるだろう」と考えています。

しかし私は、少子高齢化については、実はあまり心配する必要はないと考えています。それは今後、高齢者の労働市場への参加が進むからです。

そのひとつの理由が、年金支給開始年齢の引き上げにあります。今後、年金の支給年齢は次第に引き上げられ、70歳程度になってくるでしょう。それに伴い、企業の定年も引き上げられ、また定年後も働こうと考える高齢者が増え、社会全体としても高齢者を働き手として受け入れる動きが広がっていくはずです。

オーストラリア政府は２０１４年、「２０３５年までに、年金の支給開始年齢を現在の65歳から70歳に引き上げる」という方針を発表しました。それまでも２０２３年に年金の支給開始年齢を67歳以上に引き上げる計画はありましたが、財政健全化のために一層の引き上げを決めたのです。

２０１２年に発表された国勢調査によれば、オーストラリアの年齢の中央値は37歳で、10年前の35歳から2歳増えたものの、２０１０年時点の日本の45歳よりはだいぶ若いのです。それでも前倒しで支給年齢を引き上げなければ、年金制度が保てないと判断したわけです。財政難の日本でも早晩、支給年齢が一段と引き上げられることは確実になるでしょう。そして、それとほぼ時を同じくして、企業の定年も引き上げられ、誰でも70歳ぐらいまで働くのは当然のことになってくるでしょう。

◆老人の労働力が日本を救う

日本の年金制度は戦時中の１９４１年に公布された「労働者年金保険法」に始まるとされます。現在の国民年金が制度化されたのは戦後の１９５９年のことです。こうした年金制度の原型がつくられたとき、企業の定年はまだ55歳でした。しかし第２次大戦直後の１９４７年の平均寿命は、男性50歳、女性54歳だったのです。つまり定年のほうが、平均寿命より５歳も上だったわけです。

当時といまとでは、同じ55歳でも肉体年齢はまったく違います。「サザエさん」に出てくる、サザエさんのお父さん、波平さんの歳をご存じでしょうか。実は波平さんは54歳という設定なのです。いまの54歳で、波平さんほど老けている人はあまりいないでしょう。戦後の70年で、男女平均の寿命は30歳くらい伸びています。多くの人は60歳になっていても、見た目は波平さんよりずっと若いのではないでしょうか。

長くなった寿命に合わせて、70歳、80歳を過ぎても元気なかぎり働ける社会をつくり、年金の支給年齢もそれに合わせて遅くしていけばいいのです。もし第2次世界大戦直後のように定年が「男性の平均寿命＋５年」とするなら、いまは男性の平均寿命も80歳を超えているわけですから、定年は85歳でないとおかしいわけです。

そうした社会をつくっていくことのもうひとつのメリットは、大きな社会問題となっている「高齢者の孤独」の問題の解決にもつながることです。現在、未婚の男女や１人暮らしの高齢者が増え、全世帯に占める単独世帯の割合は２０１３年の段階で26・５％に達しています。この割合は今後も高くなる一方でしょう。

しかし、高齢になっても仕事をしていれば、社会とのつながりは保たれます。お金に余裕のある人は、仕事ではなくボランティア活動をしてもいいわけです。

震災後に「きずな」という言葉が広く使われましたが、今後、このキーワードはますます重要になってくるはずです。子育てについても、今後は社会全体で子育てをサポートしていく形になっていきます。それは日本にかぎらない世界的な流れであり、そうした新しい社会秩序は少子高齢化が進む日本に有利に働いていくでしょう。

3 世界における日本のプレゼンスが上がる

◆アメリカにとって日本の価値が急上昇している理由

国際政治の面では、中国の台頭により、今後はアメリカにとっての日本の価値が、冷戦期並みに上がってくることが予想されます。

すでにその兆候ははっきり見えてきています。前章までに指摘したように、安倍晋三首相が歴代の日本の首相として初めて米議会で演説する機会を得たこと、米海軍の太平洋軍司令官に日系人のハリー・ハリス大将が就任したことなどは、明らかに日本に対するアメリカの配慮を示すものです。

戦後からバブル期にかけての冷戦の時代、アメリカにとって日本は、ソ連、中国という共産陣営に対する防波堤として、重要な役割を果たしていました。しかし、ソ連が崩壊して冷戦が終結すると、アメリカから見れば日本と軍事的に同盟する必要は薄れ、日本の戦略的価値は低下しました。

ところが中国が経済的にも軍事的・政治的にも成長し、超大国としてのアメリカの覇権を脅かすようになってくると、今度は対中国の防波堤として、日米同盟の戦略的価値が高まってきたのです。過去25年の間、失われていた価値が戻ってきたわけです。

同じことは韓国についても言えますが、米中の勢力争いの最前線は太平洋になるため、メインはやはり日本ということになります。

２０１２年8月、アメリカの元国務副長官リチャード・アーミテージと元国務次官補ジョセフ・ナイが連名で、「The U.S-Japan Alliance ANCHORING STABILITY IN ASIA（アジアの安定のための日米同盟）」という報告書を発表しました。２０００年、２００７年に発表された二度のレポートに続くもので、「第３次アーミテージ・ナイレポート」と呼ばれています。

このレポートでは、「日本は今後も、世界の中で一流国であり続けたいのか、それとも二流国に甘んじるのか」と問いかけ、「一流国であり続けたいならば、国際社会で一定の役割を果たすべきである」としています。その上で、専守防衛などの「時代遅れの抑制」を解消し、アメリカの防衛戦略にこれまで以上に強く関与すること、そしてアジア太平洋地域の海洋安全保障においてアメリカが果たしている役割を補完して、米中の戦略的均衡の要になることを、日本に強く求めているのです。

アーミテージとナイはこのレポートで、アメリカ側が日本に期待する役割として、次のような具体例を挙げています。

第1に中国共産党政権の「接近阻止・領域拒否」戦略に基づく中国海軍の増強と行動範囲の拡大に対して、アメリカの「エア・シーバトル構想」に則って海上自衛隊が対峙し、尖閣諸島周辺はもちろん、中国がベトナムやフィリピンと係争を繰り返している南シナ海においても、平和と安定の維持のため、米軍に協力して共同で監視活動を実施すること。

第2に中東・ペルシア湾のホルムズ海峡の安全航行の確保のため、イランの封鎖の兆候が明らかになった場合には、日本単独で海上自衛隊の掃海艇を派遣し、機雷を除去すること。

第3に国連平和維持活動において、他国の部隊の護衛を可能とするよう、派遣部隊の法的権限を拡大すること。

アメリカ側には、かつてエジプトがアラブ諸国の結節点となったように、日本をインドやＡＳＥＡＮ諸国を束ねる結節点としたいという期待があるようです。逆に、そうした形でアメリカに協力する意志がないのであれば、「日本は今後は二流国になる」と警告しています。

またエネルギー問題に関しては、２０１１年の福島原発事故後も、日本は原発を放棄すべきではないと強調しています。

このレポートではアメリカ政府に対しても、「日本へのＬＮＧ供給を容易にする」「日本のＴＰＰ参加を促す」「日本の防衛産業に対し、オーストラリアなど他の同盟国への輸出を働きかける」「大統領による政治任用の際、日米同盟を深化させることを考慮する」などの提言を行っています。

◆アメリカの思惑に沿って動いている安保法制

アーミテージとナイのレポートはあくまで政府外からの提言ではあるのですが、このレポートが日米両政府に与えている影響は非常に大きいようです。

現在、オバマ政権ではこのレポートで提言されたとおり、多くのＬＮＧ生産基地を建設して日本向けに輸出を始めようとしていますし、日系人のハリス大将を太平洋軍司令官に起用したことも、レポートの提言に沿ったものです。

安倍政権でもレポートの提言どおり、ＴＰＰ交渉に参加を決め、潜水艦技術をオーストラリアに提供しようとしています。

さらには「平和安全法制整備法」「国際平和支援法」という、いわゆる安保法制の2法案を閣議決定し、「自国が直接攻撃されていなくとも、密接な関係にある外国に対する武力攻撃を武力をもって阻止する」という「集団的自衛権」を容認しようとしています。

安倍首相は２０１５年2月の国会で、集団的自衛権行使の具体例として、ホルムズ海峡に機雷が敷設された場合を挙げ、「わが国にかつての石油ショックを上回る混乱と深刻なエネルギー危機が発生しうる」として、「集団的自衛権が容認されれば、わが国独自の判断でホルムズ海峡の機雷を除去することが可能になる」との認識を示しました。これなど、まさに第3次アーミテージ・ナイレポートに書かれている内容そのままです。

このレポートの内容を踏まえて安保関連の安倍内閣の動きと見比べると、一連の安倍内閣の行動が、安倍首相の個人的な政治思想に基づくものというより、アメリカ側の軍事的協力の要請に従ったものであることは歴然です。

こうした安倍内閣の、米軍の下請け的な行動は、きわめて疑問の多いものです。日本はもともと、領土など政治的問題の解決を武力に頼らないという点で、アジアの多くの国で中国よりもはるかに信用されています。日本がアジア太平洋地域の平和と安定に貢献するのであれば、アメリカとの軍事協力を通じてではなく、平和的姿勢についての独自の信用力を活かして、対中国包囲網の結節点となっていくべきです。

安保法制による集団的自衛権の容認は、日本の武力行使についてのアジア諸国の不安を掻き立て、対中国包囲網を形成する上ではマイナスになりかねないのではないでしょうか。

安倍首相が、「現在の憲法はＧＨＱの押しつけ」と言いながら、憲法解釈についてアメリカの言いなりになっていることは、自己矛盾しているとしか言いようがありません。

もしアメリカ政府の意を受けて、憲法違反が指摘されている同盟強化に踏み込むとするなら、その是非について国民の賛否を問うのが筋です。それをないがしろにすれば、安倍政権の支持率も急低下し、２０１６年の参院選挙をにらんで与党分裂の可能性も出てくるかもしれません。

◆政治的にも経済的にも、これからの日本には追い風が吹く

とはいえ、中国に対するアメリカ側の包囲網として、TPPなど経済的な枠組みについてはさしたる効果は望めませんが、軍事的な包囲網はある程度は機能しつつあるようです。中国がシルクロード構想を発表したのも、「南沙諸島や尖閣諸島をわがものにして太平洋に自国の勢力を拡大し、アメリカと太平洋を二分割する」という、いわゆる「領域支配軍事戦略構想」がうまくいかない場合の保険という面があります。太平洋（東側）へ勢力を伸ばすことができないのであれば、その代わりに、西へ拡大していこうというわけです。

いずれにしても、中国の挑戦を退けて覇権を維持することを狙うアメリカにとっては日本の利用価値が高まり、結果として国際社会における日本のプレゼンスが上がっていくことは間違いありません。

こうした地政学的な問題に加えて、エネルギー資源価格が低下するということは、単純にエネルギー消費国としての日本のプレゼンスが上がることも意味します。

とくに外貨収入の多くをエネルギー資源の輸出に頼るロシアにとって、日本に天然ガス

を売れるかどうかは、中国との力関係にも影響する大きな問題です。

現在計画中のロシアから日本の首都圏へのガスパイプラインについては、ウクライナ問題で欧米による経済制裁が続いている間は、政治的に実現が困難でしょう。しかし、アメリカが対中国をにらんで電撃的にロシアと和解した場合は、可能性が出てきます。

２０１５年２月には、自民党の日露天然ガスパイプライン推進議員連盟の会合が開催され、新日鉄住金、鹿島建設、東京電力、東京ガスやロシアのガスプロム、アメリカのシェブロンなど、事業を実施するための国際コンソーシアムのメンバーが示されました。竣工予定は東京オリンピックが開催される２０２０年とのことですが、そのとき世界がどのような政治状況にあるかで、計画が予定どおり実施されるかどうかが決まってくるでしょう。

現在、アメリカやカナダとの間でも、液化天然ガス（ＬＮＧ）の輸入の動きが進んでいます。液化天然ガスは作業工程が多く、コスト面で高くつくという問題がありますが、今後は洋上に液化用の設備を設け、一部は北極海航路で輸送するなどして、コストダウンが図られていくことになるでしょう。

日本としては、サハリンとの間にパイプラインが完成すれば、コスト的にはそれ以上に安く天然ガスを調達できることになります。供給元の選択肢が増えるほど、交渉でも有利になりますから、日本にとっては歓迎できる話です。

問題は北方領土返還問題ですが、日本が北方領土返還にこだわるほど、相手に交渉カードとして使われてしまうので、むしろ「北方領土はもういらない」と言い切ってしまったほうがよいのではないかと思っています。

ロシア側から見れば、極東で日本向けに新たな天然ガスの販路を確立すれば、中国に対する交渉カードとなるわけです。

いずれにしても、今後はロシアから見ても、対中国という視点から、日本のプレゼンスは高まるものと見られます。

日本にとってエネルギー価格の長期低下が見込める国際情勢は、経済的にも国際政治的にも、追い風が吹く時期になると言えそうです。

これからの日本はこうなる！

1 電気代・ガス代が下がる
（電気代は半分になる）

2 日本企業の競争力が上がる

3 国民の実質所得が増える
（生活が豊かになる）

4 労働力不足・年金問題も解決する

5 国際的に見て
日本国の影響力が強くなる

［**著者**］

中原圭介（なかはら・けいすけ）

経営・金融のコンサルティング会社「アセットベストパートナーズ」の経営アドバイザー、経済アナリスト。「総合科学研究機構」の特任研究員も兼ねる。企業・金融機関への助言・提案を行う傍ら、執筆・セミナーなどで経営教育・経済教育の普及に努めている。経済や経営だけでなく、歴史や哲学、自然科学など、幅広い視点から経済や消費の動向を分析しており、その予測の正確さには定評がある。

主な著書に『2025年の世界予測』『シェール革命後の世界勢力図』（ダイヤモンド社）、『これから日本で起こること』『これから世界で起こること』（東洋経済新報社）、『格差大国アメリカを追う日本のゆくえ』（朝日新聞出版）、『トップリーダーが学んでいる「5年後の世界経済」入門』（日本実業出版社）、『未来予測の超プロが教える本質を見極める勉強法』（サンマーク出版）などがある。

石油とマネーの新・世界覇権図
——アメリカの中東戦略で世界は激変する

2015年8月20日　第1刷発行

著者 ————中原圭介
発行所 ———ダイヤモンド社
〒150-8409　東京都渋谷区神宮前6-12-17
http://www.diamond.co.jp/
電話／03·5778·7234（編集）03·5778·7240（販売）
装丁 ————竹内雄二
DTP ————荒川典久
製作進行———ダイヤモンド・グラフィック社
印刷————八光印刷（本文）・慶昌堂印刷（カバー）
製本————川島製本所
編集担当———田口昌輝

ISBN978-4-478-06729-1